TEMPS DE GLACE

De jeunes femmes jouent sur une patinoire extérieure dans les années 30. Les femmes jouent au hockey depuis aussi longtemps que les hommes.

À gauche : Certains considéraient Tim Horton comme l'homme le plus fort à n'avoir jamais joué dans la LNH. Défenseur robuste et fiable, il aida les Maple Leafs de Toronto à remporter quatre coupes Stanley dans les années 60. En 1970, Horton fut échangé aux Rangers de New York, puis aux Sabres de Buffalo en 1972. Au retour d'un match contre les Maple Leafs, en 1974, Tim Horton perdit la vie dans un accident de voiture. La chaîne de comptoirs de beignes qu'il avait lancée quand il jouait pour les Maple Leafs porte toujours son nom.

Ci-contre : Wayne Gretzky venait à peine d'apprendre à marcher qu'il chaussait des patins. Avant même d'aller à l'école, la fierté de Brantford avait déjà l'allure qu'on lui vit si souvent derrière le filet adverse.

MICHAEL McKINLEY

L'HISTOIRE DU HOCKEY

TEMPS DE GLACE

TRADUIT PAR SUZANNE LÉVESQUE

LIVRES TOUNDRA

À ma fille Rose, la première vedette de sa
propre ligue. — MM

© 2006 La Société Radio-Canada
© 2006 Suzanne Lévesque : traduction française

Publié au Canada par Livres Toundra,
75, rue Sherbourne, Toronto (Ontario) M5A 2P9

Publié aux États-Unis par Tundra Books of Northern New York,
Boîte postale 1030, Plattsburgh, New York 12901

Fiche de la Library of Congress (Washington) : 2005911296

Catalogage avant publication de Bibliothèque et Archives Canada

McKinley, Michael, 1961-
   Temps de glace : l'histoire du hockey / Michael McKinley ; traduit par Suzanne Lévesque.

Traduction de: Ice time.

Inspiré de la série diffusée sur Radio-Canada: Hockey: la fierté d'un peuple. Comprend un index.
ISBN-13: 978-0-88776-787-6
ISBN-10: 0-88776-787-7

   1. Hockey–Histoire. I. Lévesque, Suzanne. II. Titre.

GV846.5.M251514 2006   796.962'09   2C2005-907766-2

Nous reconnaissons l'aide financière du gouvernement du Canada par l'entremise du Programme d'aide
au développement de l'industrie de l'édition (PADIÉ), ainsi que celle du gouvernement de l'Ontario par
le biais du Fonds du livre de la Société de développement de l'industrie des médias de l'Ontario. Nous
remercions en outre le Conseil des Arts du Canada et le Conseil des arts de l'Ontario de l'aide accordée à
notre programme de publication.

ONTARIO ARTS COUNCIL
CONSEIL DES ARTS DE L'ONTARIO

Conception graphique : Kong Njo

Imprimé à Chine

1 2 3 4 5 6   11 10 09 08 07 06

Durant les années 20 et au début des
années 30, des Canadiens étudiant à Oxford
formaient l'équipe de hockey sur glace de
la célèbre université. Cette équipe fut l'une
des plus couronnées de succès qui soient.
Durant le temps de Noël, l'équipe d'Oxford
sillonnait l'Europe, battant régulièrement
ses adversaires à plate couture. Certains
citoyens émérites du Canada firent partie de
cette équipe, dont Lester B. Pearson qui
devint le quatorzième premier ministre du
Canada. On le voit ici (en blanc, au premier
plan, à droite) durant la saison 1922-1923,
lors d'un match contre une équipe suisse.

Table des matières

Cette photo de la première équipe de hockey de l'Université McGill est la plus ancienne photo connue d'une équipe de hockey. Elle fut prise à la patinoire du palais de Cristal de Montréal le 28 février 1881, à peine six ans après que la première partie de hockey ait été jouée à l'intérieur sur la patinoire Victoria de Montréal.

CHAPITRE UN

Au jeu !

«**U**n match de hockey aura lieu ce soir à la patinoire Victoria entre deux équipes de neuf joueurs choisis parmi les membres. La soirée s'annonce fort intéressante, car plusieurs très bons joueurs seront de la partie. »

Aucun lecteur de cette annonce, parue le 3 mars 1875 dans le journal montréalais *The Gazette*, ne pouvait se douter que ce match allait passer à l'histoire. Mais l'idée de jouer à l'intérieur était une innovation majeure.

À droite : James Creighton (deuxième à partir de la droite, portant une casquette) pose avec les Rebels de Rideau, un club de hockey d'Ottawa, en 1889. Creighton fut l'un des pères fondateurs du hockey. Après avoir organisé à Montréal la première partie de hockey jouée à l'intérieur dans le monde, il déménagea à Ottawa et joua pour cette équipe avec les deux fils de Lord Stanley.

Le match avait été organisé par un sportif du nom de James Creighton, un ingénieur originaire de Halifax, en Nouvelle-Écosse, alors établi à Montréal. Il opposait deux équipes de neuf joueurs. On jouait pendant soixante minutes sans interruption, si ce n'est une courte pause au milieu de la partie. Les mêmes joueurs étaient sur la glace du début à la fin. Les patins étaient faits de lames fixées aux bottes. Les bâtons étaient fabriqués en Nouvelle-Écosse par des artisans micmacs. Un chandail de rugby, un short et de longs bas de laine tenaient lieu d'uniforme. Les joueurs ne portaient aucun rembourrage de protection.

Ci-contre : La société Starr Manufacturing de Dartmouth, en Nouvelle-Écosse, a vendu des millions de patins aux quatre coins du monde de 1863 à 1939. Dans cette annonce du début du vingtième siècle, un joueur porte de nouveaux patins Starr plus légers et offrant un meilleur support pour le pied, ce qui est crucial pour les changements de direction et les virages brusques au hockey.

"YE GOOD OLD DAYS"

Les gardiens n'étaient pas davantage protégés. Ils devaient se tenir debout pour arrêter la rondelle – il leur était interdit de s'agenouiller. Contrairement à la rondelle de caoutchouc qu'on utilise de nos jours, la leur était en bois. Les buts aussi étaient différents : il s'agissait de deux poteaux métalliques enfoncés dans la glace à huit pieds (2,44 mètres) de distance. Les règles du jeu de Creighton s'apparentaient à celles du rugby, de sorte que les joueurs n'avaient pas le droit de devancer le porteur de la rondelle, sous peine d'un hors jeu.

Encouragé par une quarantaine d'amis et de spectateurs, le capitaine James Creighton conduisit son équipe à une victoire de 2 à 1. Ce fut là un moment d'une grande portée dans l'histoire du hockey. Auparavant, le hockey était un sport d'hiver qu'on pratiquait pour le plaisir sur des étangs gelés ou dans les champs. En l'amenant à l'intérieur, sous les projecteurs, James Creighton ouvrait de nouveaux horizons au hockey qui devenait un spectacle auquel on pouvait assister dans un certain confort. Ce sport ne serait jamais plus le même.

Le hockey est issu des jeux de balle et de bâton que l'on pratique depuis des millénaires. Ces jeux ayant sans doute été apportés au Canada par des immigrants européens, c'est grâce à l'invention du patin à glace qu'ils purent être adaptés au froid des hivers nordiques pour aboutir à la version moderne du hockey.

Par la suite, c'est le représentant au Canada de la reine d'Angleterre qui donna au hockey son trophée principal. Arrivé au Canada en 1888, le Gouverneur général Lord Stanley devint rapidement un grand amateur de ce sport. Deux de ses fils jouèrent d'ailleurs pour les Rebels de Rideau (équipe pour laquelle joua

Ci-dessus : Les Winged Wheelmen de l'Association athlétique amateur de Montréal (MAAA) jouent un match à la patinoire Victoria de Montréal en 1893. Les spectateurs se tiennent debout au bord de la patinoire, sans aucune protection contre les rondelles perdues. Ce sont les Wheelmen qui remportèrent la première coupe Stanley.

La première ligue professionnelle de hockey : Doc Gibson était un athlète talentueux, qui s'illustra au football, au soccer et au hockey dans sa ville natale de Berlin (maintenant Kitchener), en Ontario. Après l'obtention de son diplôme de l'école d'art dentaire de Détroit, au Michigan, il ouvrit son cabinet de dentiste dans le nord du Michigan. En 1904, Gibson et des hommes d'affaires des environs créèrent l'*International Hockey League* – la première ligue professionnelle de hockey du monde.

aussi James Creighton). Même Isobel, la fille adolescente de Lord Stanley, joua au hockey. Elle fut l'une des premières jeunes filles d'Ottawa à faire partie d'une ligue.

En mars 1892, Lord Stanley offrit de donner un trophée soulignant l'excellence au hockey. Il l'appela le *Dominion Challenge Trophy*, mais tant les joueurs que les amateurs eurent tôt fait de parler de la coupe Stanley. Lord Stanley espérait que son trophée aide à unifier un vaste pays en faisant se rencontrer des équipes de régions éloignées. Il n'avait probablement pas imaginé ce que Joe Boyle allait faire de cette idée.

Après avoir terminé ses études secondaires en Ontario, Joe Boyle s'en fut à New York pour travailler avec son père et ses frères dans les courses de chevaux. Mais à dix-sept ans, cela n'était pas assez excitant pour lui, et il décida de devenir marin. Il naviga autour du monde, échappant à des tempêtes tropicales et à des catastrophes frôlant le naufrage. Il repoussa même un requin avec un couteau pour sauver la vie d'un autre marin.

Mais Joe Boyle voulait devenir riche et, comme des milliers d'autres, il prit la route du Yukon où l'on avait trouvé de l'or dans les années 1890. À trente ans, il était déjà millionnaire. Il utilisa une partie de cet argent pour construire un aréna à Dawson City où des équipes composées de fonctionnaires et d'aventuriers purent jouer au hockey. Joe ne jouait pas, c'était un promoteur. Lors d'un

Ci-dessus : Lord Stanley devint le sixième Gouverneur général du Canada en 1888. Sitôt arrivé, il se passionna pour le hockey et, en 1892, il donna son nom au trophée qui allait devenir le symbole d'excellence au hockey : le *Dominion Challenge Trophy*, mieux connu sous le nom de coupe Stanley.

Personne n'en voulait : À l'automne 1893, le *Montreal Hockey Club* remporta le tout nouveau trophée du hockey, le *Dominion Challenge Trophy* de Lord Stanley. Mais il y avait un problème. Le *Montreal Hockey Club* avait toujours tenu ses entraînements à la patinoire Victoria ou à celle du palais de Cristal. Lorsqu'elle devint la première équipe à remporter le trophée de Lord Stanley, elle représentait l'Association athlétique amateur de Montréal (MAAA). Mais les joueurs n'avaient aucun poids dans les affaires de la MAAA et en vinrent à lui en vouloir d'essayer de tirer parti de leur gloire. Les fiduciaires, ou gardiens, de la coupe Stanley tentèrent de les réconcilier en se rendant à Montréal pour remettre le trophée au *Montreal Hockey Club*, mais personne de l'organisation ne se présenta pour l'accepter. Alors, la MAAA l'accepta volontiers au nom des joueurs. Les notes prises par le secrétaire du club relataient ceci : « Le public n'a jamais eu vent du conflit. » Ainsi, la première coupe Stanley fut remise à un comité, en secret.

voyage d'affaires à Ottawa, il eut une idée brillante : il ferait venir à Ottawa une équipe de joueurs étoiles du Yukon – les Nuggets de Dawson City – afin qu'elle se mesure aux puissants Silver Seven pour la coupe Stanley.

Un groupe de fiduciaires avait le mandat de décider des équipes qui allaient s'affronter pour le trophée. Chose surprenante, ils acceptèrent la suggestion de Boyle. C'était un peu comme si une équipe amateur d'une petite ville inconnue affrontait la meilleure équipe de l'actuelle LNH. Les Nuggets n'étaient même pas champions de leur région.

Pourquoi alors les fiduciaires acceptèrent-ils de présenter le match ? Le hockey avait perdu plusieurs bons joueurs qui s'étaient joints à une nouvelle ligue professionnelle américaine, et il fallait faire quelque chose pour intéresser les Canadiens. Et cela allait rapporter de l'argent, aussi bien à Joe Boyle qu'aux autres propriétaires d'équipes, lorsque les Nuggets visiteraient d'autres villes après leur match à Ottawa.

Pour jouer son match, l'équipe de Dawson City devait se rendre à Ottawa – un trajet de 4 000 milles (6 436 kilomètres) au beau milieu de l'hiver. Mais comme il y avait eu un redoux inhabituel, les joueurs essayèrent de faire à vélo le trajet jusqu'à Skagway, d'où partait le traversier pour Vancouver. Lorsque la température grimpa encore davantage, les routes devinrent impraticables, et ils durent marcher. Peu après, le temps hivernal

Un œil sur la rondelle : Frank McGee « le borgne » avait perdu son œil gauche durant un match en 1900, mais il continua à jouer et devint l'un des premiers champions compteurs. Il aida le club de hockey d'Ottawa à remporter la coupe Stanley à quatre reprises. McGee compta quatorze buts dans la victoire écrasante de 23 à 2 contre les Nuggets de Dawson City – un record toujours inégalé. Malgré son handicap, McGee fut admis dans les forces armées canadiennes durant la Première Guerre mondiale et fut tué en septembre 1916.

À gauche : Les Nuggets de Dawson City posent avec leur gérant, Joseph Boyle (au centre), à Ottawa en 1905. Les Nuggets parcoururent des milliers de kilomètres, depuis leurs champs aurifères du Yukon jusqu'à la capitale nationale, en quête de la coupe Stanley. Malgré leur défaite aux mains des puissants Silver Seven d'Ottawa, les Nuggets frappèrent l'imagination des foules par leur détermination. Le gardien Albert Forrest (à l'avant, à gauche), qui n'était âgé que de dix-sept ans, se fit remarquer par son excellente performance devant le filet.

Vedette multisport : Dan Bain fut l'une des premières étoiles du hockey, mais comme bien d'autres joueurs de l'époque, il excellait aussi dans d'autres sports. À l'âge de treize ans, il remporta une course de cinq kilomètres pour devenir le champion de patin à roulettes du Manitoba. À dix-sept ans, il rafla le premier prix d'une compétition de gymnastique organisée par la ville. Et à vingt ans, il gagna le premier de trois championnats de cyclisme consécutifs. Bain allait ajouter à cela une victoire au patinage artistique en couple, des médailles à la crosse et en raquettes à neige, ainsi que le titre de champion de tir au pigeon d'argile du Dominion. Il se joignit à l'équipe de hockey des Victorias de Winnipeg en 1895 après avoir répondu à une annonce parue dans un journal local. Il fut choisi après à peine cinq minutes d'essais. La seule chose qui clochait était son bâton maintenu par du fil de fer : on le lui remplaça sur-le-champ. En février 1896, l'équipe menée par Bain remporta la coupe Stanley.

revint, et les joueurs des Nuggets furent bloqués par des tempêtes de neige. Ils passèrent la veille de Noël de 1904 dans une cabane à 50 milles (80 kilomètres) de Whitehorse. Le départ de leur traversier fut retardé par le brouillard. Une fois à bord, les joueurs des Nuggets eurent le mal de mer. Ils débarquèrent à Vancouver épuisés, et il leur fallait encore traverser le pays en train.

Les Nuggets arrivèrent à Ottawa deux jours à peine avant le match – le vendredi treize. Les journaux des villes qu'ils avaient traversées les avaient encouragés, et la capitale nationale ne tenait plus d'impatience. Ces joueurs amateurs du Grand Nord n'avaient aucune chance contre les champions de la coupe Stanley et leur joueur étoile, Frank McGee.

En 1903, McGee avait mené les Silver Seven d'Ottawa à la conquête de leur première coupe Stanley. L'équipe allait répéter l'exploit à quatre reprises avant que McGee ne prenne sa retraite à la fin de la saison 1905-1906. On surnomma McGee et ses coéquipiers les *Silver Seven* car ils formaient la meilleure équipe du pays.

Quelques-uns des 2 200 spectateurs réunis à l'aréna Dey d'Ottawa croyaient que les Nuggets avaient une chance. Leur jeune gardien Albert Forrest réussit à garder les siens dans la partie, et Ottawa n'avait qu'une avance de 3 à 1 à la mi-temps. Mais la seconde demie fut marquée par la rudesse – beaucoup de batailles et de coups de bâton – et plusieurs buts comptés par Ottawa. La marque finale fut de 9 à 2 en faveur d'Ottawa. Étonnamment, McGee n'avait compté qu'un seul but.

Après cette partie, un joueur de Dawson City avait dit que McGee n'avait pas l'air si génial. C'était peut-être une erreur, car au second match, McGee compta quatorze buts, dont huit en huit minutes et vingt secondes. Il s'agit d'un record de la coupe Stanley qui n'a jamais été égalé. La marque finale fut de 23 à 2.

Les Nuggets firent une tournée du pays avant de se séparer à Brandon, au Manitoba. Albert Forrest fit le trajet de 300 milles (482 kilomètres), de Whitehorse à Dawson City, tout seul et à pied, parce qu'aucun train ne desservait ces villes et qu'il n'avait plus de vélo.

CHAPITRE DEUX

La première supervedette du hockey

Ci-contre : Trois des plus grandes vedettes des débuts du hockey posent dans leur uniforme des Millionaires de Renfrew durant la saison 1909-1910. Renfrew, une petite ville d'Ontario, voulait à tout prix gagner la coupe Stanley. Lorsque l'équipe acheta les talents de trois des meilleurs joueurs de l'époque, Édouard « Newsy » Lalonde (à gauche), Frank Patrick (assis) et Fred « Cyclone » Taylor, elle croyait avoir les atouts nécessaires. Le rêve ne se réalisa pas. Lalonde partit jouer pour les Canadiens de Montréal. Frank Patrick et son frère Lester démarrèrent leur propre ligue. Et Fred Taylor devint la première véritable supervedette du hockey.

L e prix était une paire de nouveaux patins d'une valeur de 5 $. En 1900, c'était le salaire hebdomadaire dans une manufacture de pianos de la localité. Fred Taylor, qui était alors âgé de quatorze ans, convoitait ces patins, et il connaissait les rudiments du patinage. Il faisait régulièrement lever la foule passionnée de hockey dans le nouvel aréna de la petite ville de Listowel, dans le sud de l'Ontario. Pour gagner les patins, il lui suffisait de battre un patineur de vitesse américain dans une course d'environ un demi-kilomètre. Et l'Américain, Norval Baptie, allait patiner à reculons.

Baptie était né à Bethany, en Ontario, mais était déménagé au Dakota du Nord avec sa famille lorsqu'il était bébé. À l'âge de dix ans, il gagnait déjà des courses de patinage. Et à vingt et un ans, il avait remporté tellement de courses qu'il décida de faire du patinage sa profession. Il voyageait d'une ville à l'autre en mettant au défi les patineurs les plus rapides.

Baptie prit rapidement une avance de trente pieds (neuf mètres) sur Fred Taylor, et avant que les deux patineurs aient fait deux tours de patinoire, Taylor avait réalisé qu'il n'avait aucune chance de gagner. « Chaque fois que je m'approchais assez pour pouvoir le dépasser, il donnait un coup de patin de côté pour me bloquer, un simple petit changement de direction accompagné d'un subtil mouvement des hanches, se rappela-t-il. J'ai tout de suite pu apprécier l'art de patiner à reculons. L'important n'était pas la vitesse, mais plutôt l'équilibre et la souplesse. Du coup, je me suis dit qu'il fallait que j'apprenne pour devenir aussi bon que lui. »

Taylor prit cette leçon à cœur. Il devint le défenseur le plus

Les Thistles de Kenora :
En 1907, les Thistles de Kenora, dirigés par Art Ross (dernier à droite de la première rangée), remportèrent la coupe Stanley – la plus petite ville qui ait jamais réussi cet exploit. Lors des premiers matchs de la coupe Stanley, les équipes provenant de villes de toute taille pouvaient s'affronter pour le trophée. Lorsque le sport devint professionnel, les équipes de villes plus importantes devinrent plus puissantes parce qu'elles avaient les moyens de payer les meilleurs joueurs. Malgré cela, les Thistles, qui provenaient d'une ville de 4 000 âmes du nord-ouest de l'Ontario, étaient trop rapides pour les Wanderers de Montréal et remportèrent, contre toute attente, la série de deux matchs. À cette époque, le fait de gagner la coupe ne signifiait pas qu'une équipe pouvait s'asseoir sur ses lauriers. Deux mois plus tard, elle dut défendre son titre contre d'autres adversaires. Les Thistles se rendirent à Brandon, au Manitoba, et gagnèrent de nouveau.

rapide du hockey. Les partisans l'adoraient. Mais à dix-huit ans, Taylor crut que sa carrière de hockeyeur était terminée.

C'était encore l'époque du sport amateur, où les propriétaires d'équipes pouvaient faire de l'argent, mais pas les joueurs. Les joueurs étaient supposés jouer pour l'amour du sport. Taylor adorait le hockey, mais il n'avait pas les moyens de jouer pour rien. Il avait besoin de son emploi à la manufacture de pianos de Listowel. Lorsque les Marlboroughs de Toronto lui offrirent une place au sein de l'équipe, il dit non merci. W.A. Hewitt, le président de l'*Ontario Hockey Association*, riposta au refus de Taylor de jouer pour Toronto en lui interdisant de jouer n'importe où ailleurs en Ontario.

Taylor fut inactif pendant un an et en fut très malheureux. Ensuite, la ville de Portage La Prairie, au Manitoba – pas beaucoup plus grosse que Listowel, mais hors de l'Ontario – lui offrit une place au sein de son équipe. Cette fois-là, Taylor déménagea et fit

Le défenseur du sport amateur :
William A. Hewitt, journaliste et rédacteur en chef, devint secrétaire de l'*Ontario Hockey Association* en 1903. Il occupa ce poste pendant trente ans. C'est lui qui interdit à Cyclone Taylor de jouer dans l'OHA. Il dirigeait les Falcons de Winnipeg lorsque l'équipe remporta la médaille d'or aux Jeux olympiques. Il est en outre le père de Foster Hewitt, qui devint célèbre en tant que commentateur, d'abord à la radio, puis à la télévision, au Maple Leaf Gardens.

À droite : Après l'avoir vu compter quatre buts spectaculaires pour Ottawa le 11 janvier 1908, Earl Grey, le Gouverneur général du Canada, passa la remarque que « si quelqu'un était un cyclone, c'était bien Fred Taylor ». Le sobriquet lui resta attaché.

rapidement ses preuves. Il compta deux buts contre Winnipeg dès sa première partie. Au match suivant, il obtint un tour du chapeau contre les Thistles de Kenora, l'équipe soi-disant la plus rapide.

Après la partie, les vedettes des Thistles, Si Griffis et Tom Phillips, l'attendaient à la porte du vestiaire. Ils l'invitèrent à se joindre à leur équipe qui allait affronter les puissants Wanderers de Montréal pour la coupe Stanley. Taylor n'en croyait pas ses oreilles. Un an plus tôt, il était banni du hockey, et maintenant il avait l'occasion de jouer pour le trophée le plus prestigieux du sport.

Mais il reçut une autre offre. Celle-là provenait de John McNaughton, le gérant de l'équipe des Portage Lakes de Houghton, au Michigan. McNaughton voulait qu'il joue pour son équipe – et pour de l'argent. Alors, au lieu de se diriger vers l'ouest, au Manitoba, Fred Taylor prit le chemin du sud. Là-bas, pour la somme princière de 400 $, il aida l'équipe des Portage Lakes à vaincre ses rivaux de Pittsburgh pour le championnat de l'*International Hockey League* – la première ligue professionnelle de hockey du monde.

Tout allait pour le mieux pour Taylor. Il y avait une seule ombre au tableau : les équipes professionnelles ne pouvaient pas jouer pour la coupe Stanley, et Taylor convoitait ce trophée. Et il était lui-même un joueur très convoité.

En 1907, les équipes canadiennes avaient déjà perdu bon nombre de leurs meilleurs joueurs au profit des ligues professionnelles aux États-Unis. Elles abandonnèrent finalement l'idée que les joueurs devaient être des amateurs et commencèrent à attirer avec de l'argent des vedettes comme Fred Taylor.

Taylor décida d'aller à Ottawa, où les Sénateurs lui offrirent 500 $. En 1909, l'année où on lui donna son fameux surnom de « Cyclone Taylor », il mena les Sénateurs à leur première coupe Stanley depuis l'époque de Frank McGee.

L'année suivante, Taylor partit jouer pour les Creamery Kings de Renfrew, une équipe appartenant à une nouvelle ligue professionnelle appelée la *National Hockey Association*. Les riches propriétaires de la NHA voulaient à tout prix remporter la coupe Stanley. Ils versèrent à Taylor la somme astronomique de 5 200 $ pour une saison de douze matchs.

En février 1910, Taylor fit une fanfaronnade qui devint célèbre. Dans la salle de presse du *Ottawa Citizen*, il déclara à un journaliste, en présence du gardien d'Ottawa Percy Lesueur, qu'il allait « déjouer la défensive d'Ottawa en patinant à reculons et compter un but ».

Deux jours plus tard, 7 000 partisans des Sénateurs – la plus importante foule jamais vue à un match de hockey au Canada – se mirent à lancer des injures, des citrons, du fumier et, même, des bouteilles de whisky vides à Cyclone Taylor. Ils étaient furieux que leur ancien favori les ait trahis par appât du gain, puis les aient insultés avec son sarcasme. Taylor et son collègue défenseur Lester Patrick jouèrent une partie superbe, mais n'eurent aucune occasion de lancer sur le gardien d'Ottawa Percy Lesueur. Taylor quitta la ville sous les huées.

Un mois plus tard, le 8 mars 1910, Cyclone eut une nouvelle chance. Le *Renfrew Mercury* rapporta le lendemain qu'il avait traversé la patinoire « avec son élégance habituelle, s'était retourné, avait patiné à reculons un moment, puis avait enfilé un but dans le filet d'Ottawa avec rapidité et dextérité ». Le but de Taylor était un lancer du revers, et non pas un lancer à reculons,

À gauche : À divers moments durant sa carrière, Fred Taylor fut surnommé « merveille », « tourbillon » et, finalement, « cyclone ». C'est avec le sobriquet de « Cyclone Taylor » qu'il devint célèbre comme magicien compteur à Ottawa et à New York, puis à Vancouver. À une certaine époque, Taylor gagnait plus d'argent pour faire valoir ses talents de hockeyeur que le premier ministre Wilfrid Laurier pour diriger le Canada.

Le *Montreal Star :* Édouard « Newsy » Lalonde se vit affubler de son sobriquet lorsqu'il travailla comme adjoint d'un imprimeur de journal. Il fut un joueur étoile de la première ligue professionnelle créée aux États-Unis et joueur de la première heure du Canadien de Montréal. Il fut échangé à Renfrew et, le 11 mars 1910, compta onze buts en une partie – un record encore inégalé.

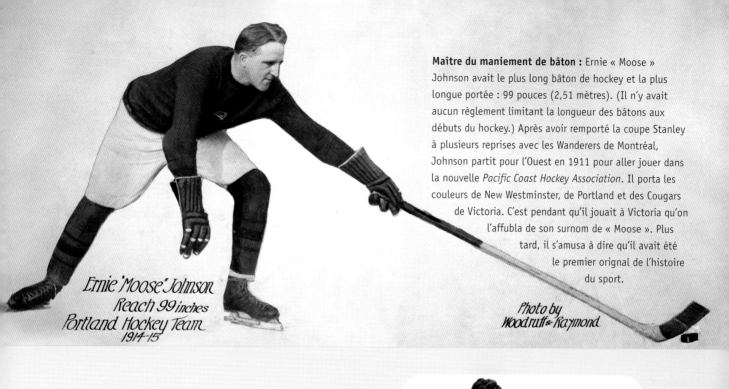

Maître du maniement de bâton : Ernie « Moose » Johnson avait le plus long bâton de hockey et la plus longue portée : 99 pouces (2,51 mètres). (Il n'y avait aucun règlement limitant la longueur des bâtons aux débuts du hockey.) Après avoir remporté la coupe Stanley à plusieurs reprises avec les Wanderers de Montréal, Johnson partit pour l'Ouest en 1911 pour aller jouer dans la nouvelle *Pacific Coast Hockey Association*. Il porta les couleurs de New Westminster, de Portland et des Cougars de Victoria. C'est pendant qu'il jouait à Victoria qu'on l'affubla de son surnom de « Moose ». Plus tard, il s'amusa à dire qu'il avait été le premier orignal de l'histoire du sport.

Ernie 'Moose' Johnson
Reach 99 inches
Portland Hockey Team
1914-15

Photo by Woodruff & Raymond

La *Pacific Coast Hockey Association* : Frank (à droite) et Lester Patrick (en bas, à gauche) étaient des joueurs étoiles dans l'Est du Canada et ils visaient haut. En 1911, ils convainquirent leur père, qui avait fait fortune dans l'industrie du bois d'oeuvre, de créer une ligue de hockey... sur la côte ouest du Canada... sur une glace artificielle. Mais ce n'était pas un projet en l'air. Les Patrick construisirent la plus vaste patinoire du monde à Vancouver. Ils formèrent des équipes à Victoria et à New Westminster, en Colombie-Britannique, ainsi qu'à Seattle et à Portland.

Les Patrick furent de véritables pionniers du hockey. C'est à eux – et surtout à Frank – que l'on doit le jeu moderne. Ils ont inventé la ligne bleue, les substitutions de joueurs, les chandails numérotés et le lancer de punition. Outre le crédit des aides et les passes devançant le porteur de la rondelle, ils permirent aux gardiens de se laisser tomber sur la glace pour faire l'arrêt, sans compter qu'ils créèrent les séries éliminatoires. Ils apportèrent vingt-deux changements aux règlements, dont le dernier fut l'abandon de la position de « maraudeur » durant la saison 1922-1923. C'est à cause de changements comme ceux-là que Frank Patrick fut appelé le « cerveau du hockey moderne ». Mais son cerveau ne réussit pas à sauver sa ligue qui disparut après la saison 1923-1924.

HOCKEY RULES

Adopted by the
Pacific Coast Hockey Assn.
and the Western Canada
Hockey League

TEAMS AND COLORS.

REGINA, Red, White and Blue.
SASKATOON, Garnet and White.
EDMONTON, Royal Blue and White.
CALGARY, Yellow and Black.
VICTORIA, Blue and Gold.
VANCOUVER, Maroon and White.
SEATTLE, Red, White and Green.

In interleague games, if colors clash,
slip-overs will be used on visiting team.

SEASON 1923-24

No 26

LESTER PATRICK of Renfrew Club

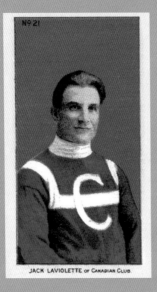

No 21

JACK LAVIOLETTE of Canadian Club

No 2

PERCY LESUEUR of Ottawa Club

31.

ARTHUR ROSS

ERNIE JOHNSON

BERT LINDSAY

15

BRUCE STUART

25

ODIE CLEGHORN

24

SPRAGUE CLEGHORN

D. PITRE

E. D. LALONDE

J. LAVIOLETTE

À droite : L'entraîneur-gérant Frank Patrick (en avant, au centre) avait de quoi faire une équipe championne avec les joueurs des Millionaires de Vancouver, de la *Pacific Coast Hockey Association*, durant la saison 1913-1914. Didier « Cannonball » Pitre (à l'arrière, à l'extrême droite) avait le lancer le plus puissant jamais vu à cette époque. Et Cyclone Taylor (à l'avant, deuxième à partir de la droite) était reconnu comme le compteur le plus menaçant de la ligue. Pitre retourna à Montréal la saison suivante, mais Taylor resta au sein de l'équipe et compta 23 buts en 16 matchs en saison régulière, auxquels il ajouta huit autres buts durant les éliminatoires pour mener les Millionaires à leur première et seule coupe Stanley.

Les cartes de hockey (à gauche) : Les cartes de hockey firent leur apparition en 1910, lorsque la société British America Tobacco imprima une série de cartes en couleurs avec les joueurs de la *National Hockey Association*. La collection de l'Imperial Tobacco incluait les plus grandes vedettes du hockey, dont Art Ross des Wanderers de Montréal, Jack Laviolette des Canadiens de Montréal, Lester Patrick de Renfrew et Percy Lesueur d'Ottawa. En 1913, trois fabricants de cigarettes inséraient des cartes de hockey dans leurs paquets de cigarettes. Ils espéraient ainsi mousser leurs ventes en attirant les amateurs de hockey. De nos jours, si elles sont en bon état, ces cartes valent des milliers de dollars.

mais il n'en fallait pas plus pour lancer la légende du « but à reculons » de Taylor.

Malgré tout le talent de son joueur vedette et tout son argent, la NHA ne pouvait toujours pas acheter la coupe Stanley. Par contre, deux des joueurs de la ligue, Frank et Lester Patrick, élaborèrent une stratégie différente pour décrocher la coupe. Ils allaient déménager en Colombie-Britannique et créer une autre ligue, la *Pacific Coast Hockey Association*. Ils construisirent à Vancouver la patinoire artificielle la plus vaste du monde, et une autre à Victoria. Ils formèrent des équipes dans ces deux villes et à New Westminster, puis à Seattle et à Portland.

Mais il manquait encore un élément pour que les frères Patrick puissent réaliser leur rêve de coupe Stanley : Cyclone Taylor. Ils offrirent alors à Taylor un gros chèque de paie, et Cyclone prit la route de l'Ouest. Il joua dans un match hors concours qui remplit les 10 500 sièges du nouvel amphithéâtre Denman de Vancouver. Et bientôt, il devint la vedette des Millionaires de Vancouver, les menant à leur première coupe Stanley en 1915. Frank Patrick, un grand innovateur du hockey, savait que Taylor était dans une classe à part. C'est lui qui inventa un terme spécial pour le qualifier : d'après lui, Cyclone était la première supervedette du hockey.

CHAPITRE TROIS

Du sang et de la glace

Soixante-six millions de soldats et de civils sont morts durant la Première Guerre mondiale. Frank Frederickson faillit être l'un d'eux.

Les parents de Frederickson avaient émigré de l'Islande pour venir s'établir au Canada. Ils voulaient que leur fils soit comme les autres enfants canadiens. Comme tous les enfants de leur quartier de Winnipeg jouaient au hockey, ils lui achetèrent des patins et aménagèrent une patinoire dans leur cour arrière. Il apprit l'anglais en jouant au hockey. Il devint parfaitement compétent dans les deux domaines. Tant et si bien qu'il finit par être capitaine de l'équipe de hockey des Falcons de Winnipeg, qu'il mena au championnat de la ligue de hockey du Manitoba en 1915. La famille de tous les joueurs de l'équipe, sauf un, était originaire de l'Islande.

L'année suivante, alors qu'il avait vingt et un ans, Frederickson s'enrôla dans un bataillon de l'armée canadienne composé principalement d'étudiants universitaires de l'Ouest canadien. Étant donné ses antécédents, par contre, il fut muté, avec plusieurs de ses coéquipiers des Falcons, au 223e bataillon scandinave.

Frederickson frôla la mort lorsque son navire, en route vers l'Égypte, fut torpillé par un sous-marin allemand. L'équipage d'un destroyer japonais le trouva dans un canot de sauvetage à la dérive, au beau milieu de la Méditerranée. Vêtu uniquement d'un pyjama, il se cramponnait à son violon.

Quand Frederickson retourna à Winnipeg en 1919, il voulait recommencer à jouer au hockey, tout comme ses anciens coéquipiers des Falcons qui avaient survécu à la guerre. Mais la

Ci-contre : Frank Frederickson est né à Winnipeg en 1895, de parents ayant émigré d'Islande. Il apprit à parler anglais en jouant au hockey avec les enfants de son quartier. Il continua à jouer dans une ligue amateur, menant son équipe jusqu'aux Jeux olympiques avant de devenir professionnel. Il jouait pour l'équipe de Victoria, dans la *Pacific Coast Hockey Association*, quand il remporta la coupe Stanley en 1925.

ligue senior du Manitoba ne leur en donna pas la chance. Même si Frederickson et ses amis s'étaient battus pour le Canada, il y avait des gens qui méprisaient encore ces pauvres immigrants. « Nous avons découvert que la raison pour laquelle on nous a empêchés de jouer, c'est que la ligue senior comptait des joueurs issus de familles bien nanties, qui ne voulaient rien savoir de nous », expliqua Frederickson plus tard. « Mais ils ne se sont pas débarrassés de nous aussi facilement. »

Frederickson demanda au journaliste sportif du *Winnipeg Free Press* de l'aider à former une ligue de hockey distincte. Avec l'encouragement du journaliste, deux autres équipes acceptèrent d'en faire partie. Le journaliste réussit également à convaincre Fred « Steamer » Maxwell d'être leur entraîneur. Maxwell devait son surnom à sa formidable puissance de patinage. Il avait refusé de devenir professionnel et quitté les Monarchs de Winnipeg en 1915 quand il avait appris que certains joueurs recevaient de l'argent. Il était toujours persuadé que les gens devraient jouer pour l'amour du sport, et non pas pour de l'argent.

Les Falcons étaient rouillés. Ils n'avaient pas joué depuis quelques années. « Mais avant la fin de la saison, se rappela Frederickson, Steamer nous avait soudés en une excellente équipe. Nous avons vaincu les champions de la ligue du Manitoba, puis l'équipe gagnante de Lakehead pour participer au match de la coupe Allan contre le Varsity de Toronto. »

La coupe Allan fut offerte en 1908 par Sir Hugh Allan, un magnat des affaires montréalais. Le trophée devait être (et est toujours) le prix le plus prestigieux du hockey amateur senior masculin au Canada. Mais ce qui était en jeu était bien plus que le trophée de Sir Hugh : l'équipe gagnante allait se rendre en Europe pour participer aux Jeux olympiques.

La plupart des gens croyaient que l'équipe torontoise allait écraser les Falcons de Winnipeg. Plus de 8 000 partisans s'étaient déplacés pour encourager les leurs. Toute une surprise les attendait : c'est l'équipe de Frederickson qui l'emporta facilement.

Les Islandais n'eurent pas le temps de retourner à Winnipeg après la série. Ils montèrent à bord d'un navire en

Ci-dessus : Sir Hugh Allan, un riche homme d'affaires de Montréal, donna au hockey amateur sa coupe Allan en 1908. À cette époque, la coupe Stanley était le prix décerné aux équipes professionnelles, et la coupe Allan allait devenir son pendant amateur. Lorsque l'Association canadienne de hockey amateur fut créée en 1914, la coupe Allan devint le trophée que se disputaient les meilleures équipes de hockey amateur senior masculin au pays.

Ci-dessous : Lorsque les Falcons de Winnipeg furent invités à représenter le Canada aux Jeux olympiques, ils n'eurent pas le temps de rentrer chez eux chercher leur équipement avant de monter à bord du navire qui devait les emmener en Europe. Chaque joueur reçut 25 $ pour s'acheter de nouveaux vêtements. Le menuisier du navire leur fabriqua de nouveaux bâtons. Ils portèrent fièrement leur chandail du Canada en naviguant vers une glorieuse victoire au hockey.

Ci-dessus : Après avoir vaincu les Varsity Grads de Toronto pour remporter la coupe Allan, les Falcons de Winnipeg furent invités à représenter le Canada aux Jeux olympiques de 1920. Leur dextérité et leur rapidité ravirent les Européens et confondirent leurs adversaires qu'ils dominèrent en comptant un total de 29 buts contre un seul.

partance pour l'Europe, exactement comme ils l'avaient fait quelques années plus tôt en allant à la guerre. Cette fois-ci, toutefois, leur arme allait être leur bâton de hockey et, durant la traversée de huit jours, le menuisier du navire leur en confectionna de nouveaux avec du bois acheté spécialement à cette fin à Montréal.

Les Jeux olympiques de 1920 étaient inhabituels à plusieurs égards. D'abord, comme les jeux précédents avaient été annulés à cause de la guerre, c'était les premiers après une longue pause. Ensuite, on allait y jumeler les sports d'été et d'hiver. Enfin, c'était la première fois que le hockey sur glace était présenté comme sport olympique.

Sept pays inscrivirent une équipe de hockey : le Canada, les États-Unis, la Suisse, la Belgique, la Suède, la France et la Tchécoslovaquie. Peu de spectateurs assistaient aux Jeux, parce que la guerre avait appauvri les gens. Mais, malgré tout, le hockey attira les foules. Et les Canadiens furent éblouissants, enfilant les buts aisément tout en essayant d'être beaux joueurs.

Durant la guerre, les Européens avaient subi d'énormes pertes et ce, tant en vies qu'en biens matériels. Ils appréciaient le rôle qu'avait joué le Canada dans la victoire contre les envahisseurs allemands et étaient ravis du succès de l'équipe canadienne. Il y avait tellement de monde massé à l'extérieur du Palais de Glace pour assister à l'arrivée des Falcons qu'il fallut demander à des soldats d'accompagner les joueurs jusqu'à leur vestiaire.

Débordant de confiance, l'équipe américaine voulut gager de

Athlète de haut vol : Le talent de Hobart Amory Baker était tellement impressionnant qu'on l'appela la première supervedette du hockey américain. Il jouait le rôle de maraudeur, une position libre dans l'ancienne « formation à sept », pour son équipe universitaire, les Tigers de Princeton. Ceux-ci jouaient leurs matchs à domicile à la patinoire St. Nicholas de New York, qui annonçait fièrement « Hobey Baker joue ici ce soir », tant son talent était célèbre. À la fin de ses études, Baker se joignit à l'équipe de hockey amateur de la patinoire St. Nicholas. Lorsque Baker et l'équipe de St. Nick affrontèrent les Stars de Montréal pour la coupe Ross le 11 décembre 1915, Baker compta deux buts et en prépara trois autres pour mener l'équipe de St. Nick à une victoire de 6 à 2. Baker reçut une offre de 3 500 $ pour venir s'établir au Canada et devenir professionnel, mais il ne jouait que par amour du jeu et refusa. Baker devint pilote durant la Première Guerre mondiale et reçut la Croix de Guerre pour son courage sous les armes. Peu de temps après la fin de la guerre, alors qu'il avait vingt-six ans, Baker fut tué dans l'écrasement de son avion lors d'essais aériens. On immortalisa son nom en le donnant au prix récompensant le meilleur joueur universitaire américain.

l'argent sur l'issue du match. « Un des Américains était tellement certain de nous battre qu'il misa un gros montant », raconta Frederickson plus tard. « Notre trésorier ne nous l'a jamais dit, mais il avait tenu le pari. »

Les Canadiens triomphèrent des Américains 2 à 0, et le trésorier ravi se servit de ses gains pour acheter une garde-robe neuve à chacun des joueurs des Falcons. Le président du programme olympique canadien eut vent de l'affaire et voulut punir l'équipe qui avait renié son statut d'amateur. « Il voulait nous retirer notre titre et nos médailles parce que nous avions accepté ces cadeaux, se rappela Frederickson, mais il n'en fit rien. »

Le résultat combiné des victoires de Frederickson et de ses coéquipiers canadiens fut de 29 à 1. Le seul but qu'ils avaient concédé, c'était à la Suède. Les Canadiens pensaient que la Suède était la meilleure équipe européenne et que les joueurs étaient « des gars très sympathiques… que nous aimions bien ». Il y avait aussi le fait que les Suédois étaient des Scandinaves. « Je dois avouer que nous le leur avons donné », raconta Frederickson plus tard. « Les Suédois étaient euphoriques. Ils criaient de joie, poussaient des acclamations, échangeaient les poignées de main entre eux et avec nous. C'était merveilleux. »

Cinq ans plus tard, le Comité olympique international décréta que les Jeux olympiques d'hiver ne seraient « officiels » qu'à compter de 1924. La médaille d'or de Frederickson ne valait donc plus rien. Mais les Falcons avaient montré leur savoir-faire au monde entier, et le Canada avait remporté le premier championnat du monde sans aucune difficulté. Dans les années qui suivirent, les Canadiens s'attendaient à rien de moins qu'à une victoire écrasante au hockey.

La LNH est née : La Ligue nationale de hockey doit son existence à une chicane entre hommes d'affaires. Les administrateurs de la *National Hockey Association* se rencontrèrent à l'hôtel Windsor à Montréal le 6 novembre 1917, parce que les choses allaient mal. La franchise de la ville de Québec avait des problèmes d'argent, et le club de Toronto appartenait à Eddie Livingstone que les autres propriétaires trouvaient « pénible ». Les propriétaires de la NHA proposèrent une solution simple. Ils créeraient une nouvelle ligue qui exclurait Toronto. Puis, ils apprirent qu'Eddie Livingstone avait vendu sa franchise de Toronto. À bout de ressources financières, l'équipe de Québec offrit de se retirer et de laisser sa place à l'équipe torontoise, débarrassée de Livingstone, mais uniquement si elle pouvait vendre ses joueurs 700 $ chacun. Le marché fut conclu. Frank Calder (à droite) fut élu président et secrétaire-trésorier de la « nouvelle » ligue. (Le trophée de la Meilleure recrue de l'année de la LNH porte son nom.) Dans le corridor de l'hôtel, après la réunion, un jeune journaliste sportif du *Herald* de Montréal, Elmer Ferguson, se précipita sur Calder pour lui demander ce qui se passait avec le hockey professionnel au Canada. « Pas grand-chose, Fergie », répondit Calder. C'est ainsi qu'est née la Ligue nationale de hockey.

Les Rivulettes de Preston : Hilda (ci-dessus) et Nellie Ranscombe étaient des joueuses vedettes d'une équipe de balle molle locale. Au terme de la saison de 1930, afin de garder leur équipe ensemble pendant tout l'hiver, elles décidèrent de jouer au hockey. Un garçon des environs se moqua d'elles en disant que les filles n'étaient pas capables de jouer au hockey. Cela fit réagir les filles. Avec Nellie devant le filet, sa sœur Hilda à l'aile droite, et les merveilleuses sœurs Schmuck, Marm et Helen, à l'attaque, les Rivulettes de Preston étaient impossibles à arrêter. De 1930 à 1939, elles remportèrent dix titres de championnat en Ontario et au Québec, en plus de six autres à l'échelle nationale. Leur fiche est impressionnante : seulement deux défaites et trois matchs nuls en 350 rencontres. Lorsque la Deuxième Guerre mondiale éclata, les restrictions imposées aux déplacements et le rationnement de l'essence empêchèrent les Rivulettes de se rendre aux matchs, et la meilleure équipe de hockey féminin de tous les temps fut dissoute.

CHAPITRE QUATRE

L'équipe du Canada

À l'automne 1906, lorsque Constantine Falkland Cary Smythe n'avait que onze ans, sa mère Mary succomba à des complications liées à l'alcoolisme. Son prénom était le nom de fille de sa mère, et il ne le trouvait pas assez viril. C'est pourquoi, quand il apprit qu'il n'avait jamais été baptisé, il vit sa chance et la saisit sans hésiter – comme il devait toujours le faire dans sa vie. Il décida de s'appeler Conn. C'était un nom concis et hardi, dont il serait fier.

Conn Smythe était toujours le plus petit, partout où il se trouvait – à l'école, au hockey, à la guerre – mais il compensait toujours sa petite taille par son immense détermination et son ambition encore plus grande. Patriote exemplaire, il porta fièrement la feuille d'érable lorsqu'il s'engagea pour servir comme lieutenant d'artillerie durant la Première Guerre mondiale.

Il fut ensuite muté de l'armée de terre à la force aérienne en tant que pilote d'un avion d'observation d'artillerie. Il pilotait un type d'appareil surnommé « incinérateur » parce qu'il avait la mauvaise habitude de s'enflammer sans raison. Pas étonnant que les journaux torontois aient annoncé, en novembre 1917, que le lieutenant Conn Smythe était disparu au combat.

Mais Smythe avait eu de la chance. Il était disparu, mais vivant. Son avion avait été abattu, et il avait été capturé par les Allemands. Il avait failli être tué en se bagarrant avec le soldat qui l'avait fait prisonnier. L'Allemand avait tiré deux balles à bout portant sur Smythe, mais son épais manteau lui avait sauvé la vie.

Lorsque Smythe rentra au Canada à la fin de la guerre, il avait

Ci-contre : Conn Smythe fut joueur, entraîneur et gérant d'équipe de hockey, avant de devenir le propriétaire fondateur des Maple Leafs de Toronto. Il mena son équipe à sept victoires de la coupe Stanley avant de prendre sa retraite en 1961.

vingt-quatre ans et, comme il l'écrit plus tard : « Quatre années de ma vie s'étaient envolées… Mais j'allais rattraper le temps perdu, j'en étais sûr. »

Smythe tint sa promesse. Avant la guerre, il avait été joueur et entraîneur de hockey à l'Université de Toronto. Il se remit à jouer, tout en exploitant une entreprise de gravier et en élevant ses jeunes enfants avec sa femme Irène.

C'était un homme de hockey jusqu'aux tripes. Lorsque la LNH voulut créer une équipe à New York, les Rangers firent appel à Conn Smythe. Smythe mit à profit ses connaissances et ses tuyaux pour recruter des joueurs dont personne ne semblait avoir entendu parler. Mais cela posa un problème pour les propriétaires des Rangers. Ils regardèrent l'alignement de Smythe et crurent qu'il avait embauché une équipe de minables. Ils licencièrent Smythe et refusèrent, pendant un certain temps, de lui verser le quart des 10 000 $ qu'ils lui devaient.

Lorsqu'il fut finalement payé, Smythe entreprit de se venger. Il prit l'argent, soit 2 500 $, et le misa sur un match de football universitaire entre les universités de Toronto et McGill. Toronto l'emporta, et Smythe doubla sa mise. Ce soir-là, le club de hockey St. Pats de Toronto jouait contre les Rangers de New York. Étant donné que les Rangers étaient une nouvelle équipe qui n'avait pas encore été mise à l'épreuve, la plupart des gens ne les prenaient pas au sérieux, mais Smythe riait dans sa barbe. Il avait formé les Rangers et savait que c'était une bonne équipe. Il paria sur les Rangers, gagna et empocha 10 000 $.

Smythe trouva d'autres investisseurs pour l'aider à acheter les St. Pats de Toronto. Il troqua leur uniforme vert et blanc pour un chandail bleu et blanc, les couleurs de son université bien-aimée.

Le « Concombre de Chicoutimi » : Georges Vézina jouait pour Chicoutimi lorsqu'il blanchit les puissants Canadiens. Ils ne tardèrent pas à le mettre sous contrat, et il commença à garder le filet de l'équipe montréalaise durant la saison 1910-1911. On l'appelait le « Concombre de Chicoutimi » à cause de son sang-froid quand il était assailli. Il ne manqua aucun match de saison régulière ou de série éliminatoire pendant ses quinze années à Montréal. L'équipe remporta cinq coupes Stanley avec lui devant le filet. Mais le soir du 28 novembre 1925, il dut quitter la glace quand il se mit à cracher du sang. Quatre mois plus tard, il mourut de la tuberculose. À l'instigation des Canadiens, un trophée portant son nom fut créé pour honorer le meilleur gardien de la LNH à chaque saison.

À droite : Francis « King » Clancy a quitté Ottawa et est parti jouer pour les Maple Leafs le 11 octobre 1930. Clancy était le dernier ingrédient dont le propriétaire Conn Smythe avait besoin pour partir à la conquête de la coupe Stanley.

Ci-dessous : L'équipe de 1928-1929 des Maple Leafs de Toronto pose devant l'aréna de la rue Mutual. Au centre de la photo, on aperçoit le gardien Lorne Chabot. Chabot jouait pour les Rangers quand une rondelle l'atteignit à l'œil; la direction des Rangers pensait que cela l'avait ramolli. Conn Smythe pensait autrement et l'emmena à Toronto. Au cours de sa première saison, Chabot afficha une moyenne de 1,61 but alloué et réussit douze blanchissages en quarante-trois matchs.

Puis, toujours animé par son patriotisme, il les rebaptisa Maple Leafs. Et Smythe prit un engagement audacieux. D'ici cinq ans, ses Maple Leafs allaient gagner la coupe Stanley. On était en 1927.

Encore une fois, Smythe se servit du jeu pour réaliser son rêve. « Pour la plupart des gens, 1930 était la première année de la Grande dépression, raconta-t-il. Je la voyais plutôt comme l'année où nous avions embauché King Clancy. »

Lorsque la bourse s'effondra en 1929, bien des gens perdirent leur emploi, leur maison et, dans certains cas, leur vie. Les temps étaient durs, et l'argent se faisait rare. Le hockey professionnel offrait une évasion de cette période tourmentée, mais même avec une équipe émérite, Smythe ne remplissait pas les places du vieil amphithéâtre de la rue Mutual. Il avait besoin d'un joueur vedette comme Francis « King » Clancy.

Un cow-boy sur la glace : Alec Antoine était une vedette des Braves d'Alkali Lake, une équipe de joueurs autochtones de la région d'élevage de bétail de Cariboo en Colombie-Britannique. Avec cet Antoine trapu et puissant au centre, les Braves constituaient une excellente et valeureuse équipe qui, en 1931, triompha de Prince George pour remporter le titre de la ligue du Nord de la Colombie-Britannique. Cela fit en sorte qu'on lui offrit, en janvier 1932, d'aller jouer à Vancouver. Les Braves ne jouaient qu'environ huit matchs par saison sur des patinoires extérieures. Ils se retrouvèrent sur une glace artificielle, dans un amphithéâtre pouvant accueillir 4 000 spectateurs, à jouer contre une équipe de vedettes de la grande ville. Dans la région de Cariboo, les gens syntonisèrent leur radio pour écouter les matchs. Malgré les prévisions voulant qu'ils soient massacrés, les Braves se défendirent honorablement, perdant les deux matchs par un seul but. Lester Patrick était tellement impressionné par Alec Antoine qu'il lui offrit un poste dans la LNH avec les Rangers de New York, mais Antoine refusa en disant qu'il avait déjà un emploi de cow-boy à 15 $ par semaine. Il rentra donc chez lui, dans son ranch d'Alkali Lake.

Clancy avait fait ses débuts dans la LNH en 1921 à l'âge de dix-sept ans. Il était l'un des plus petits défenseurs du hockey professionnel avec ses cinq pieds sept pouces (1,70 mètre) et ses 155 livres (70 kilos). Il était petit mais hardi, ne reculant devant aucune bataille. Clancy était justement le type d'homme que Smythe voulait au sein de son équipe.

Les Sénateurs demandaient 35 000 $ pour le laisser aller, mais Smythe n'avait que 25 000 $. Alors, Conn Smythe fit de nouveau un pari.

Il était propriétaire d'un cheval de course, *Rare Jewel*, qui n'avait jamais gagné une course. Sa cote à la course *Coronation Futurity* était très faible : 200 contre un. Cela signifiait qu'aucune personne saine d'esprit ne pensait que Rare Jewel avait une chance de gagner. Smythe misa 60 $ sur sa jument, et quand elle remporta sa seule et unique course, il empocha environ 11 000 $. À cela s'ajoutait les 3 750 $ qu'il reçut en tant que propriétaire du cheval gagnant. Il en avait plus qu'assez pour acheter le « King ».

Maintenant qu'il avait sa vedette, Smythe décida qu'il avait besoin d'un plus grand aréna. Il convainquit le magasin à rayons Eaton de lui vendre une partie de son terrain à l'angle des rues Church et Carlton en échange de 350 000 $ et d'une option d'achat d'actions dans le nouvel aréna. Lorsque l'argent vint à manquer, le lieutenant de Smythe, Frank Selke, persuada les syndicats des ouvriers construisant l'aréna d'accepter des paiements en actions eux aussi.

Ci-dessus : Les ouvriers entreprirent la construction du nouvel amphithéâtre des Maple Leafs le 1er juin 1931. Moins de six mois plus tard, le Maple Leaf Gardens ouvrit ses portes au son des Royal Grenadiers et du 48e Highlanders jouant *Happy Days Are Here Again* devant 13 000 partisans.

Et un, et deux, et trois... ! On aperçoit ici les Maple Leafs de Toronto à l'entraînement dans les années 30. L'entraînement hors glace était inhabituel pour une équipe de hockey à cette époque. Ce n'est que plusieurs décennies plus tard que toutes les équipes adoptèrent un programme complet de conditionnement physique.

L'homme à la casquette : On le surnommait « Little Giant » à la blague, parce qu'il mesurait à peine cinq pieds six pouces (1,67 mètre) et ne pesait que 140 livres (64 kilos), mais le talent d'Aurèle Joliat était énorme. Il jouait à l'aile droite avec Howie Morenz au centre, le duo ayant mené les Canadiens de Montréal à deux coupes Stanley consécutives, en 1930 et 1931. Rapide et insaisissable, il savait comment enfiler des buts – il en a compté 270 dans la LNH, le même nombre que le grand Morenz.

L' Éclair de Stratford : Il devint l'un des plus grands joueurs de hockey de tous les temps, mais quand il signa son contrat avec les Canadiens de Montréal en 1923, Howie Morenz avait des doutes. C'était une grande vedette dans sa ville natale de Stratford, et il avait peur de ne pas réussir dans la LNH. Il alla même jusqu'à renvoyer la prime de 850 $ qu'on lui avait accordée à la signature de son contrat de 2 500 $ par année. Les Canadiens refusèrent catégoriquement. Ils dirent à Morenz que s'il ne voulait pas jouer pour eux, il ne jouerait pour personne d'autre. Morenz fit ses débuts au sein de l'équipe montréalaise le lendemain de Noël 1923 sur la nouvelle patinoire d'Ottawa. Devant une foule record de 8 300 partisans, Morenz enfila le premier des 270 buts qu'il allait compter dans la LNH. Après une victoire contre Vancouver, les champions de la *Pacific Coast Hockey Association*, Morenz et les Canadiens affrontèrent les Tigers de Calgary pour le championnat de la coupe Stanley de 1924. Morenz faisait partie d'une ligne extraordinairement rapide, flanquée des ailiers Aurèle « Little Giant » Joliat et Billy Boucher. Il fut le premier joueur à compter sept buts durant les séries éliminatoires et la victoire de la coupe Stanley. Le talent de Morenz donna un tel élan au hockey que le constructeur du nouveau Madison Square Garden à New York accepta d'ajouter une patinoire – et de présenter du hockey – dans son immeuble.

Quand Morenz se cassa la jambe lors d'un match contre Chicago en janvier 1937, il savait que sa carrière était terminée. Le 8 mars, il subit une embolie pulmonaire à l'hôpital et mourut. Il n'avait que trente-quatre ans. Cinquante mille personnes défilèrent devant son cercueil exposé au Forum de Montréal. Et un autre quart de million de gens lui firent leurs adieux sur le bord des rues menant au cimetière.

Ci-dessus : Foster Hewitt devint célèbre pour des générations de Canadiens en tant que commentateur des Maple Leafs de Toronto. Ce jeune journaliste sportif commenta son premier match le 16 février 1923, à l'âge de vingt-trois ans, assis sur un banc en bordure de la patinoire à l'aréna de la rue Mutual. L'espace était si restreint qu'il faisait de la buée dans la baie vitrée devant lui. Par surcroît, il devait transmettre ses commentaires par téléphone, et les standardistes ne cessaient de l'interrompre pour lui demander quel numéro il désirait composer.

Une boule d'énergie : Les joueurs de hockey canadiens cherchant du travail durant les années difficiles de la Grande dépression se tournaient souvent vers l'Europe. Les Français Volants, une équipe de hockey basée à Paris de 1933 à 1935, était composée presque exclusivement de Québécois. On avait décrit son capitaine, Roger Gaudette, dans le cadre d'une émission britannique sur le hockey, comme « une boule d'énergie, capable d'une poussée d'accélération faisant de lui l'un des hockeyeurs les plus rapides en Europe ». Gaudette raconta que les déplacements compliquaient le jeu en Europe. « Nous jouions partout, dans les grandes capitales européennes comme Prague, Vienne, Budapest, Berlin, Londres et Paris. Nous jouions vingt-quatre matchs par saison, nous précipitant d'une ville à l'autre. Ce n'était pas toujours facile ! Nous attirions souvent des foules de 20 000 spectateurs. »

Le 1er juin 1931, les travaux commencèrent au Maple Leaf Gardens. Il fut achevé en moins de six mois. Le 12 novembre 1931, des musiciens de l'armée jouèrent *Happy Days Are Here Again* lors de la soirée d'inauguration devant plus de 13 000 partisans.

Foster Hewitt, qui allait devenir le commentateur émérite du hockey à la radio, commença son reportage de la partie avec son célèbre « Bonjour Canada, États-Unis et Terre-Neuve ». Il était perché sur une minuscule plate-forme suspendue aux chevrons du toit – qu'on allait affubler du sobriquet romantique de « gondole ».

Les Leafs perdirent leur premier match au Gardens aux mains des Black Hawks de Chicago. Mais ils eurent une bonne saison et affrontèrent les Rangers de New York – l'équipe que Smythe avait formée – en finale de la coupe Stanley. Les Leafs remportèrent la série trois de cinq en trois matchs consécutifs, dont le dernier à domicile devant des partisans débordant de joie. Conn Smythe avait tenu la promesse faite cinq années plus tôt : les Leafs avaient gagné la coupe Stanley. L'équipe canadienne était sur le chemin de la victoire.

CHAPITRE CINQ

Le « Rocket »

Tandis qu'une grande partie du Canada anglais prenait pour les Maple Leafs de Toronto dans les années 40, au Québec, les Canadiens de Montréal étaient l'équipe « nationale », et sa grande vedette était Maurice « Rocket » Richard. Richard était bien plus qu'un joueur de hockey. Son talent, sa passion et son refus de plier devant l'autorité en ont fait, pour reprendre les mots d'un auteur, le symbole d'un peuple.

La dextérité de Richard s'était manifestée très tôt, mais bien des observateurs doutaient de sa longévité dans la LNH. Des accidents subis au début de sa carrière semblaient indiquer qu'il avait une ossature fragile.

En 1940, Richard participa à des essais pour faire partie d'une équipe senior appartenant aux Canadiens. Il compta deux buts au cours de la première partie, durant laquelle son patin resta coincé dans un sillon et il se cassa la cheville gauche. L'année suivante, il se factura le poignet. Et ensuite, lors de sa première saison avec les Canadiens (1942-1943), il se cassa la cheville droite. Même son entraîneur à Montréal, Dick Irvin, s'inquiétait de la fragilité de Richard.

Même si ses os se cassaient facilement, la volonté de gagner de Richard était surhumaine. Lorsqu'il était en possession de la rondelle, il se ruait vers le but, ses yeux foncés projetant des éclairs qui effrayaient les gardiens. Après la guérison de sa seconde blessure à la cheville, Irvin l'associa au centre Elmer Lach et à l'ailier gauche Hector « Toe » Blake. Ce trio devint la fameuse « Punch Line ».

Ci-contre : Maurice Richard fut surnommé le « Rocket » à cause de sa façon de foncer au but. Il fut le premier joueur de la LNH à compter 50 buts durant une saison, et le premier à atteindre la marque de 500 buts en carrière. Toute une génération de Québécois le considéra comme l'homme qui réalisa – sur la glace – ses rêves de grandeur.

Au cours du deuxième match des demi-finales de la coupe
Stanley de 1944 contre les Maple Leafs de Toronto, le Rocket démontra sa puissance stupéfiante en inscrivant ses deux premiers buts à
dix-sept secondes d'intervalle durant les deux premières minutes de
jeu. Il compléta son tour du chapeau avant la fin de la période. Puis,
pendant la deuxième période, il enfila deux autres buts pour égaler
le record de cinq buts dans un seul match de finale de la coupe
Stanley, que détenait Newsy Lalonde. La marque finale fut : Maple
Leafs 1, Rocket Richard 5. On n'eut d'autre choix que d'accorder les
trois étoiles du match à Richard.

Trois jours après Noël 1944, Richard emménagea dans une nouvelle maison. Loin de se contenter de surveiller les déménageurs, il
déplaçait lui-même des meubles, dont un piano. C'était un jour de
match, et Richard arriva au vestiaire de l'équipe montréalaise apparemment épuisé. Il s'affala sur la table du soigneur comme s'il voulait
dire à ses coéquipiers qu'il ne fallait pas compter sur lui ce soir-là.

Ci-dessus : Le gardien de Toronto Johnny
Bower regarde Richard se lancer à la
poursuite d'une rondelle libre lors de la
finale de la coupe Stanley de 1960 contre
les Maple Leafs. Les Canadiens balayèrent
les Leafs en quatre matchs pour remporter
leur cinquième coupe Stanley d'affilée. Ce
fut la dernière coupe du Rocket, qui prit
sa retraite au début de la saison suivante.

Une fille dans une ligue de garçons :
En 1955, la fillette de huit ans Abigail Hoffman (que l'on voit ci-dessus avec les joueurs Brian Cullen et Jim Morrison des Maple Leafs de Toronto) s'inscrivit dans une nouvelle ligue de hockey réservée aux garçons à Toronto. Personne ne remarqua que son certificat de naissance indiquait clairement qu'Abigail était une fille. Elle coupa ses cheveux et se fit appeler « Ab » pour alimenter la supercherie. Pendant trois mois, Ab Hoffman apporta son équipement à la patinoire comme les autres joueurs. Elle se distingua à la défense des Tee-Pees de St. Catharines, en Ontario. Elle fut même choisie parmi les 400 joueurs de la ligue qui jouèrent au sein d'une équipe d'étoiles. Puis, la nouvelle éclata qu'elle était une fille. Elle devint une vedette instantanée au Canada et aux États-Unis – mais la ligue lui interdit de jouer. Elle dut accrocher ses patins à neuf ans.

Abigail eut par la suite une intéressante carrière en athlétisme. Son exploit sur la glace entraîna la création de diverses ligues de hockey féminin. Aujourd'hui, la coupe Abby Hoffman est décernée aux championnes nationales de hockey féminin au Canada.

Mais le Rocket n'était en train de s'allouer qu'un petit moment de répit. Et le temps venu, il déchaîna sa puissance implacable, enfilant cinq buts et obtenant trois aides dans une victoire écrasante de 9 à 1 contre les Red Wings de Détroit. Dans une série de neuf matchs consécutifs, Richard compta quatorze buts. Il réussit cet exploit malgré les efforts que déployaient ses adversaires pour l'arrêter. Ils le cinglaient, le faisaient trébucher, lui donnaient du coude, l'accrochaient et, quand cela ne suffisait pas, ils le retenaient pour le faire tomber.

Richard ne faisait que les repousser. Mais s'ils s'acharnaient, il pouvait répliquer en leur assenant un coup de poing digne d'un boxeur poids lourd. Il devait se défendre lui-même. Dans ce temps-là, les équipes n'avaient pas de « gros bras » pour protéger leurs as compteurs.

Mais il y avait une bataille que Richard tenait à gagner plus que toute autre. Il voulait devenir le premier joueur à compter 50 buts en 50 matchs. Lorsqu'il fracassa le record de 45 buts de l'ancien Canadien Joe Malone (établi en 1918 en 22 matchs), il commença à croire en ses chances. Il lui restait huit matchs à disputer pour atteindre le chiffre magique de 50 buts. Mais, de façon inexplicable, il s'arrêta à 49 buts. Aucune équipe ne voulait être celle qui allait allouer ce cinquantième but.

C'était la dernière période du dernier match à domicile des Canadiens, et toutes les conditions étaient réunies pour une fin de saison idéale. Richard était seul devant le filet de Chicago lorsqu'un défenseur des Black Hawks le fit trébucher. L'arbitre lui accorda un lancer de punition.

Voilà, c'était un cinquantième but assuré. Ce fut comme un véritable duel. Richard, le héros, patina seul vers le gardien de Chicago, le vilain, et la foule était euphorique, prête à acclamer sa gloire. Mais il n'en fut rien. Le gardien de Chicago fit l'arrêt sans difficulté. Cela créa une véritable tension, puisqu'il ne restait à Richard qu'une seule partie pour réaliser son rêve.

Y parviendrait-il ? En serait-il capable ? Il se faisait tard en troisième période du dernier match de la saison, dans un Garden de Boston hostile, et Richard n'avait toujours pas compté. Les minutes s'égrenaient quand, soudain, le Rocket s'empara d'une passe d'Elmer Lach, et bang ! Sans crier gare, il décocha un tir qui trouva le fond du filet. Et pour faire taire les gens qui auraient pu dire qu'il avait eu de la chance, Richard enfila six autres buts en six matchs, durant les séries éliminatoires contre les Maple Leafs et les Black Hawks, pour établir un record prodigieux de 56 buts en 56 matchs.

Le numéro 9 : Gordie Howe (que l'on voit ici en train de disputer la rondelle à Larry Hillman durant la saison 1960-1961) entreprit sa carrière dans la LNH avec les Red Wings en 1946, à l'aile droite. Il marqua dès son premier match. Il portait le chandail numéro 17 cette année-là et ne le troqua pour son fameux numéro 9 que l'année suivante. Howe joua dans la LNH pendant un nombre étonnant de 26 saisons, en plus de six saisons dans l'AMH, et termina parmi les cinq meilleurs compteurs de la LNH vingt saisons d'affilée. À Détroit, il joua avec Sid Abel et Ted Lindsay, et ce trio qui domina la ligue fut appelé la « Production Line ». Howe faillit perdre la vie lors d'un match éliminatoire contre Toronto en 1950 lorsqu'il s'écrasa, tête première, contre la bande et subit une fracture du crâne. Colosse de six pieds (1,83 mètre) et de deux cents livres (91 kilos), Howe se rétablit de façon incroyable. Sa longue carrière fut ponctuée de triomphes. Il participa au match des étoiles à vingt et une reprises; il remporta six fois le trophée Art Ross du meilleur compteur de la LNH; on lui décerna six fois le trophée Hart du joueur le plus utile; et il gagna quatre coupes Stanley avec Détroit.

Une première à Boston : Lorsqu'il sauta sur la glace dans un match opposant Boston à Montréal, le 18 janvier 1958, Willie O'Ree devint le premier joueur noir de l'histoire de la LNH. O'Ree ne joua que deux parties pour les Bruins cette saison-là, mais en 1960-1961, il se joignit de nouveau aux Bruins et joua 43 matchs, comptant quatre buts et obtenant dix aides. Par surcroît, O'Ree ne voyait que d'un oeil – il avait reçu une rondelle dans son œil droit en 1956 et avait perdu 95 pour cent de la vue dans cet œil. Si la LNH avait su qu'il était à moitié aveugle, elle ne lui aurait jamais permis de jouer.

La Soirée du hockey : En 1952, la Société Radio-Canada commença à transmettre des signaux de télévision au Canada, d'abord de Montréal le 6 septembre, puis de Toronto le 8 septembre. Un mois plus tard, le 11 octobre 1952, Gérald Renaud, un journaliste de vingt-quatre ans aida le nouveau télédiffuseur à mettre à l'antenne un match de hockey entre Montréal et Détroit. Le 1er novembre, la SRC diffusa un match de Toronto, et *La Soirée du Hockey* était née. Pour la première fois, les enfants canadiens et leur famille, qui jusque-là avaient uniquement entendu la description des parties à la radio, pouvaient voir leur équipe et leurs joueurs préférés en action sans bouger de chez eux. La soirée du samedi n'allait plus jamais être la même.

Richard est reconnu pour les passions qu'il soulevait et ce, aussi bien hors de la glace que sur la glace. En 1955, il fut suspendu des séries éliminatoires après avoir frappé un juge de lignes durant une bataille. Les partisans étaient furieux. Ils croyaient que leur héros canadien-français avait été victime d'une injustice de la part des Canadiens anglais. Ils descendirent dans les rues de Montréal, renversèrent des véhicules et démolirent des façades de magasins dans ce qu'on allait appeler l'« émeute Maurice Richard ».

Richard fut le meilleur buteur cinq fois durant sa longue carrière dans la LNH. Il fit partie de l'équipe d'étoiles quatorze fois de suite, de 1944 à 1957. Il fut le premier joueur à dépasser le cap des 500 buts en carrière, qu'il couronna avec 544 buts en saison régulière en 1960, l'année de la dernière de ses huit victoires de la coupe Stanley. Il avait trente-neuf ans, et le temps et les blessures avaient laissé leurs traces. C'est alors que Richard accrocha ses patins et entra dans la légende en tant que véritable héros canadien.

OCTOBER, 1967   50 CENTS

HOCKEY
PICTORIAL

HOCKEY'S   MOST   EXCITING   PUBLICATION

Historic Moment in Hockey - Expansion League Blasts Off

CALIFORNIA   PHILADELPHIA   ST. LOUIS

KINGS

LOS ANGELES   MINNESOTA

WELCOME
ABOARD!

PITTSBURGH

PRE-SEASON PREVIEWS
CRYSTAL-BALLING ALL THE LEAGUES

CHAPITRE SIX

Le centenaire de la Confédération

C'était un moment important de l'histoire du pays. On était en 1967, et le Canada avait cent ans. Pour souligner l'événement, Montréal, la ville canadienne la plus populeuse et la plus cosmopolite du temps, organisa Expo 67, une fabuleuse exposition universelle. Les partisans des Canadiens auraient bien voulu exhiber la coupe Stanley devant les foules qui allaient visiter l'Expo. Mais, de toute évidence, il fallait d'abord la remporter.

L'année revêtait une grande importance pour la LNH aussi. Les finales de la coupe Stanley de 1967 marquaient la fin de l'ère du « groupe des Six ». Au cours des vingt années qui avaient suivi la Deuxième Guerre mondiale, les équipes de la LNH provenaient de Toronto et Montréal au Canada et de Détroit, Chicago, Boston et New York aux États-Unis. À l'automne 1967, la LNH allait doubler sa taille, en ajoutant six nouvelles équipes américaines, et se réorganiser en deux divisions : celles de l'Ouest et de l'Est, dont les équipes gagnantes allaient s'affronter pour la coupe Stanley.

Étant donné que Montréal et Toronto se trouvaient dans l'Est, leur grande rivalité en finale de la coupe allait prendre fin, du moins jusqu'à ce que la LNH procède à une nouvelle expansion et à un remaniement des divisions, ce qu'elle fit en 1981-1982.

Le sens du drame national était intense : une rivalité qui avait été l'une des plus grandes du sport professionnel pendant près de quatre décennies allait maintenant atteindre son paroxysme au beau milieu des célébrations du centenaire de la Confédération. Et les équipes torontoise et montréalaise pensaient toutes deux que la coupe Stanley leur revenait.

Ci-contre : Au début de la saison de 1967, la LNH connut le plus important sursaut de croissance de son histoire. La ligue avait doublé sa taille en ajoutant six équipes « d'expansion » à Philadelphie, Pittsburgh, St-Louis, Oakland et Los Angeles, ainsi qu'au Minnesota. Pour s'adapter à cette expansion, on organisa la ligue en deux divisions – tous les clubs d'expansion furent regroupés dans la division de l'Ouest, et les six équipes originales dans celle de l'Est. Les Flyers de Philadelphie furent la première équipe de l'expansion à remporter la coupe Stanley en 1974.

À gauche : En 1953, afin de pouvoir mettre sous contrat Jean Béliveau, le centre étoile des As de Québec, les Canadiens de Montréal achetèrent toute la Ligue senior du Québec et la transformèrent en une ligue professionnelle. Béliveau (que l'on voit ici essayant de déjouer Johnny Bower, sous les yeux de Larry Regan) jouera dix-huit saisons complètes avec le Canadien, dont dix à titre de capitaine. Son élégance, aussi bien sur la glace que hors de la glace, lui attira le plus grand respect. Son talent de hockeyeur lui rapporta le trophée Art Ross du champion marqueur de la ligue et le trophée Hart du joueur le plus utile.

Les deux franchises se partageaient vingt-quatre coupes. Les Maple Leafs avaient accédé à la finale de la coupe Stanley à dix-huit reprises et en avaient remporté dix. Comptant près de vingt années d'existence de plus que les Leafs, les Canadiens avaient gagné quatorze coupes en vingt-trois participations à la finale.

En avril 1967, les Canadiens de Montréal étaient favoris pour remporter la coupe encore une fois. Ses joueurs étaient bourrés de talent, dont le rapide Yvan « Roadrunner » Cournoyer et le frère cadet du Rocket, Henri Richard. L'équipe devait à Henri Richard, surnommé « Pocket Rocket », près d'un cinquième des 536 points qu'elle avait récoltés en saison régulière. Dirigée par Jean Béliveau, l'élégant capitaine faiseur de jeux, et appuyée par le robuste John Ferguson, l'équipe n'avait pas l'intention de se laisser malmener sur la glace.

On se moquait des joueurs des Leafs, plus âgés que les Montréalais, que l'on qualifiait de « Over-the-Hill Gang ». Le défenseur Marcel Pronovost avait 36 ans, tandis que Tim Horton était âgé de 37 ans, et Allan Stanley de 41 ans. Le joueur de centre Red Kelly avait 39 ans, tandis que les gardiens Terry Sawchuk et Johnny Bower avaient respectivement 37 et 42 ans. Leur capitaine de 36 ans, George Armstrong, était le dernier des neuf capitaines des Leafs choisis personnellement par Conn Smythe. On surnommait affectueusement Armstrong « Chief », en partie à cause de sa mère Iroquoise, mais aussi parce que la tribu indienne Stoney de l'Alberta lui avait donné le titre honorifique de « Big-Chief-Shoot-the-Puck ».

Héros méconnu : Le gérant d'équipement des Maple Leafs de Toronto, Tommy Naylor, vérifie la lame d'un patin. On doit à Naylor l'invention du gant attrape-rondelle et du gant bloqueur du gardien, la création du plastron, plusieurs améliorations à la bottine et à la lame du patin et la fabrication de la première affûteuse de patins portative. Les dirigeants d'entreprises de fabrication d'équipement de hockey défilaient dans son atelier du Maple Leaf Gardens et lui « empruntaient » ses idées, pour lesquelles il n'a jamais reçu un sou.

Armstrong pouvait aussi compter des buts : il avait obtenu un total de 713 points en 1 187 matchs de saison régulière dans la LNH.

On aurait pu croire que les Leafs étaient vraiment trop vieux lorsque les Canadiens gagnèrent le premier match 6 à 2. Mais les Leafs se ressaisirent au deuxième match, et le vieux Bower blanchit les Canadiens 3 à 0. La troisième partie fut une autre bataille de gardiens. La jeune recrue de Montréal, Rogatien Vachon, avait arrêté 62 lancers, tandis que Bower en avait bloqué 54, lorsque Bob Pulford enfila un but pour Toronto huit minutes après le début de la seconde période de prolongation.

La quatrième partie eut lieu le jour de l'ouverture d'Expo 67, et la guigne s'abattit sur les Leafs lorsque Johnny Bower se blessa à l'aine durant l'échauffement d'avant-match. Terry Sawchuk prit alors la relève devant le filet, mais il connut un mauvais match. Après que Sawchuk eût laissé passé six rondelles dans une victoire de 6 à 2 des Canadiens, un partisan lui envoya un télégramme dans lequel il lui demanda, « Combien as-tu reçu ? »

Sawchuk était aussi sensible que robuste. Il fut blessé profondément par cette accusation d'avoir accepté un pot-de-vin. Il entreprit le cinquième match avec le génie qui lui avait valu ses quatre

Ci-dessous : Le capitaine des Maple Leafs George Armstrong se colletaille avec le défenseur de Montréal Jacques Laperrière, devant le gardien du Canadien Charlie Hodge, durant la saison 1966-1967. Les deux seules équipes canadiennes de la LNH allaient s'affronter en finales de la coupe Stanley – le plus beau cadeau d'anniversaire que pouvaient s'offrir le Canada qui célébrait son centenaire en 1967.

Les *Flying Fathers* : Les Costello, un ailier gauche rapide et talentueux, avait remporté deux coupes Memorial avec l'équipe junior de St. Michael à Toronto et la coupe Stanley de 1948 avec les Maple Leafs. Il répondit ensuite à l'appel d'une autre équipe et quitta le hockey pour devenir prêtre catholique. Mais le hockey devait le rappeler. Un autre prêtre, le père Brian McKee, avait formé une équipe de prêtres joueurs de hockey en 1962 afin d'amasser des fonds pour un enfant malade de sa paroisse. Les pitreries des *Flying Fathers* frappèrent l'imagination collective au pays et dans le monde entier. Des millions de spectateurs s'amusèrent à regarder les prêtres bouffons affronter des équipes locales dans le cadre de matchs bénéfices joués aux quatre coins du continent. L'intelligence de Costello se manifestait aussi hors de la glace. Lors d'une réunion au Vatican avec le pape Paul VI, Costello remarqua que le pape tenait un bâton de hockey à l'envers et il lui montra la bonne façon de le tenir, pour ne pas que les gens pensent qu'il « essayait de remuer les spaghetti ». Les *Flying Fathers* ont recueilli plus de quatre millions de dollars pour diverses œuvres de charité. Entreprenant leur quatrième décennie, ils sont devenus une véritable dynastie du hockey, avec près de 1 000 victoires à leur actif et à peine quelques défaites. Leur succès, selon Costello, est simple : « Nous gagnons beaucoup de matchs parce que nous trichons beaucoup. »

trophées Vézina et donna à Toronto une victoire de 4 à 1. Quand l'équipe des « vieux » rentra chez elle, il ne lui manquait qu'une seule victoire pour remporter la coupe.

George Armstrong et Allan Stanley avaient confiance en les chances des Leafs. Ils croyaient que si les vieux pouvaient survivre aux pratiques brutales de leur entraîneur « Punch » Imlach, ils pourraient survivre à la série contre Montréal.

Le sixième match fut joué à Toronto le mardi 2 mai. Et, à la surprise générale, avec moins d'une minute à jouer, les Leafs *étaient en train* de gagner avec une mince avance de 2 à 1. Désespérés, les Canadiens retirèrent leur gardien Gump Worsley afin d'ajouter un attaquant pour la mise au jeu en territoire de Toronto. Ces fins de troisième période sont des moments de grande tension, car tout peut changer si l'équipe qui tire de l'arrière gagne la mise au jeu et réussit un but égalisateur.

Sur le banc de Toronto, le défenseur Allan Stanley écoutait Imlach nommer les joueurs qui seraient sur la glace pour cette mise au jeu cruciale. « Kelly, Armstrong, Pulford, Horton », dit Imlach. Et, finalement, il ajouta, « Stanley ».

« J'avais à peine mis le pied sur la glace », se rappela Stanley, « qu'il me dit, "Tu fais la mise au jeu."» L'astucieux Imlach avait plus d'un tour dans son sac. La ligue venait d'introduire une nouvelle règle à l'égard de l'interférence. Avant que la règle ne change, les défenseurs qui faisaient la mise au jeu pouvaient se servir de leur

Effet imprévu : Un jour, au milieu des années 60, Stan Mikita (ci-dessus), l'ailier droit des Black Hawks de Chicago, brisa la lame de son bâton. Comme le bâton n'était pas complètement cassé, Mikita frappa la rondelle vers la bande pour essayer de le briser – mais il découvrit plutôt les vertus de la lame recourbée. Jusque-là, les joueurs avaient toujours utilisé un bâton à lame droite, mais en voyant comment la lame recourbée du bâton donnait un effet imprévisible à la rondelle, tous adoptèrent le nouveau modèle.

Le cerbère excentrique : Jacques Plante était un gardien formidable et un original qui, entre autres passe-temps pour s'occuper entre les matchs, faisait du tricot. Il fallut quelqu'un comme lui pour changer la façon dont les gardiens allaient affronter leurs adversaires.

Pendant plus de vingt-cinq ans, les gardiens avaient arrêté les rondelles en laissant leur visage sans protection. Clint Benedict, le gardien des Maroons de Montréal, fut le premier professionnel à porter un masque en 1930 après une fracture du nez causée par un puissant tir décoché par Howie Morenz à vingt-cinq pieds (autour de 7,5 mètres) de distance. Le masque de Benedict était un vulgaire protecteur de cuir collé au visage. Un autre quart de siècle passa. Puis, Plante, qui gardait le filet des Canadiens, reçut une rondelle en plein visage et décida qu'il en avait assez. Plante, qui était receveur dans une ligue de baseball récréative, mentionna dans une entrevue télévisée qu'il serait prêt à essayer n'importe quel masque qui conviendrait à un gardien de hockey. Un homme de Granby, au Québec, lui envoya un modèle de plastique que Plante utilisa lors des entraînements pendant trois ans. Un autre inventeur lui envoya ensuite un meilleur masque. L'entraîneur de Plante ne voulait pas qu'il porte le masque durant les matchs. Il croyait que s'il le faisait, son gardien se sentirait trop en sécurité – et serait moins alerte. Tout cela changea le 1er novembre 1959, lors d'une partie contre les Rangers de New York au Madison Square Garden, quand Plante reçut au visage un lancer frappé d'Andy Bathgate. Il refusa de retourner sur la glace sans protection. Son entraîneur dut accepter qu'il porte un masque, et l'équipe de Montréal connut une séquence de onze victoires d'affilée. Le masque du gardien était là pour rester.

La vision du père Bauer : Le père David Bauer était le frère cadet d'un joueur de hockey professionnel, Bobby Bauer, qui jouait sur la fameuse « Kraut Line » de Boston aux côtés de Milt Schmidt et de Woody Dumart. Le jeune David aussi aurait pu jouer dans la LNH : il était membre de l'équipe des Generals d'Oshawa, championne de la coupe Memorial en 1944. Mais il stupéfia le monde du hockey en décidant de devenir prêtre catholique. Après son ordination en 1953, le père Bauer commença à enseigner au collège St. Michael de Toronto. Il était entraîneur de l'équipe de St. Michael lorsqu'elle gagna la coupe Memorial en 1961. Mais Bauer avait un rêve : former une équipe nationale, dont les joueurs fréquente- raient l'université tout en jouant au hockey pour leur pays. C'était une idée très noble. L'équipe nationale de Bauer remporta la médaille de bronze aux Jeux olympiques d'hiver tenus à Grenoble, en France, en 1968. Bien qu'elles n'aient jamais remporté l'or, les équipes qu'a dirigées le père Bauer produirent des joueurs de hockey canadiens athlétiques et scolarisés.

Le génie de la ligne bleue : En 1960, les dépisteurs des Bruins de Boston observaient des joueurs de quatorze ans participant à un tournoi de hockey bantam lorsqu'ils remarquèrent un joueur pee-wee de cinq pieds deux pouces (1,57 mètre) et 110 livres (50 kilos), âgé de douze ans, qui surclassait nettement tous les joueurs sur la glace. Son nom était Robert Orr, et Boston voulait absolument le recruter. Il deviendrait « le joueur de franchise » qui allait aider à remettre sur le chemin de la victoire une organisation qui n'avait pas remporté la coupe Stanley depuis 1941. Orr était un défenseur combatif qui pouvait se débarrasser d'un adversaire avec son corps ou, au besoin, avec son poing. Mais il avait bien d'autres talents. C'était aussi un génie offensif qui changea la dynamique du jeu avec ses montées d'un bout à l'autre de la patinoire. Les équipes durent trouver de nouvelles façons de contrer Bobby Orr.

Orr fut le seul défenseur à remporter le trophée Art Ross du meilleur marqueur de la LNH à deux reprises. En 1970, il compta le but gagnant de la finale de la coupe Stanley, mettant ainsi fin à la disette de vingt-neuf ans de Boston. Il remporta le trophée Conn Smythe du joueur le plus utile des séries éliminatoires. Il le remporta aussi en 1972, après avoir de nouveau enfilé le but de la victoire de la coupe Stanley. Orr reçut le trophée Norris du meilleur défenseur de la LNH huit fois de suite. Il en aurait remporté bien d'autres s'il n'avait pas subi de multiples blessures au genou qui le forcèrent à prendre une retraite prématurée à l'âge de trente ans.

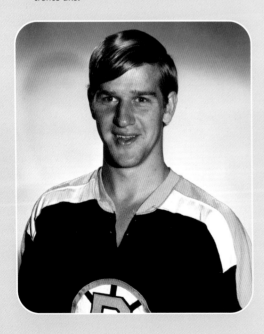

À droite : Le capitaine des Maple Leafs, George Armstrong, tient la coupe Stanley après la victoire de son équipe contre Montréal en 1967. Armstrong, qui avait du sang autochtone, était « le meilleur capitaine que les Leafs aient jamais eu », selon le fondateur de l'équipe, Conn Smythe, qui était un excellent juge de caractère.

gabarit, souvent plus imposant, pour ravir la rondelle à leur adversaire au lieu d'utiliser uniquement leur bâton pour s'emparer de la rondelle. Imlach comptait sur Stanley pour faire exactement ce que la nouvelle règle interdisait.

Et il le fit. Stanley remporta la mise au jeu et poussa la rondelle vers Red Kelly derrière lui, puis se rua sur Béliveau pour le bloquer. « Il était le gars le plus surpris du monde », raconta Stanley. Kelly passa la rondelle à Pulford qui la remit à George Armstrong qui avait le champ libre pour lancer dans un but désert. « Et pendant que cela se passait, expliqua Stanley, Jean criait à l'arbitre, "Interférence à la mise au jeu ! Interférence à la mise au jeu !" Mais aucun arbitre au monde n'aurait osé intervenir à un moment aussi crucial. »

C'est ainsi que ça s'est terminé : Armstrong avait compté dans un filet désert. Les Leafs remportèrent leur onzième coupe Stanley. Les « vieux » étaient euphoriques au moment où les joueurs de cornemuse du 48e Highlanders ouvrirent le défilé de championnat jusqu'au nouvel hôtel de ville de Toronto. Malgré l'énorme déception des Montréalais, les séries de la coupe Stanley avaient opposé deux grandes équipes du Canada dans une bataille épique qui rappela à tous les Canadiens que le hockey était au cœur de l'image que le pays se faisait de lui-même.

Cette idée serait bientôt mise à l'épreuve à l'échelle internationale. Mais pour l'instant, le Canada se délectait du glorieux été de son centenaire.

CHAPITRE SEPT

La Série du siècle

Paul Henderson n'était pas une supervedette. C'était un joueur robuste et bûcheur des Maple Leafs de Toronto, qui, en 1972, avait connu sa meilleure saison dans la LNH. L'ailier gauche aux cheveux bouclés savait comment foncer au but et il travaillait d'arrache-pied pour y parvenir. C'est pourquoi il fut choisi au sein d'Équipe Canada pour le plus important tournoi de hockey de l'histoire du pays.

Le Canada envoyait des équipes amateurs aux tournois mondiaux depuis des années. Les Canadiens ont toujours cru que si seulement ils pouvaient envoyer leurs meilleurs joueurs professionnels, ils pourraient démontrer au monde entier qu'ils sont les meilleurs. Dans les années 60, le Canada avait formé une équipe nationale. Mais John « Bunny » Ahearne, le puissant président de la Fédération internationale de hockey sur glace, ne voulait toujours pas permettre au Canada d'y inclure des joueurs de la LNH. Frustrés, les partisans des quatre coins du Canada continuaient à grommeler : « Nous pourrions battre les Russes si seulement nous pouvions envoyer nos meilleurs joueurs ! »

Enfin, durant l'été 1972, le Canada eut sa chance. En visite officielle en URSS, le premier ministre Pierre Trudeau proposa à ses hôtes que les deux pays s'affrontent dans le cadre d'une série de matchs de hockey. À cette époque, l'URSS était une superpuissance communiste et l'ennemi de la démocratie occidentale dans la « guerre froide ». Mais l'idée souriait aux Soviétiques. Eux aussi adoraient le hockey et croyaient qu'ils étaient les meilleurs.

Paul Henderson, le robuste ailier gauche de vingt-neuf ans des Maple Leafs de Toronto, fut l'un des derniers joueurs choisis au sein d'Équipe Canada. Il répliqua en comptant le but gagnant des trois dernières parties, que devait absolument remporter le Canada, et devint un héros pour le pays tout entier.

Ci-contre : Phil Esposito, d'Équipe Canada, repousse le défenseur soviétique Alexander Gusev pour s'emparer de la rondelle durant la fameuse « Série du siècle » de 1972. « Espo » fut le meilleur marqueur de la série avec treize points.

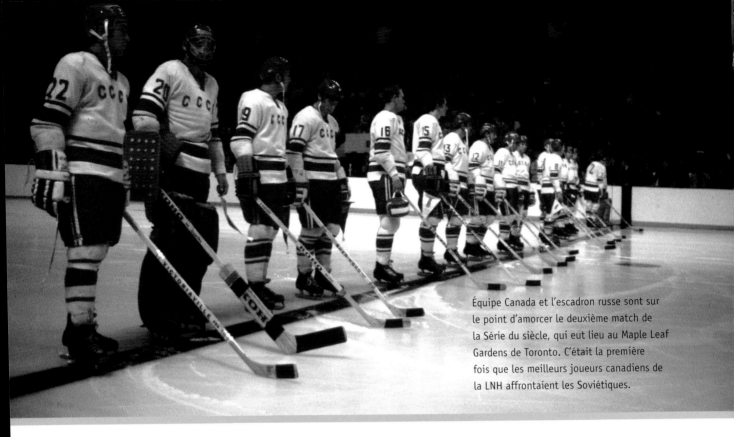

Équipe Canada et l'escadron russe sont sur le point d'amorcer le deuxième match de la Série du siècle, qui eut lieu au Maple Leaf Gardens de Toronto. C'était la première fois que les meilleurs joueurs canadiens de la LNH affrontaient les Soviétiques.

Les Russes jouaient beaucoup au bandy – une sorte de hockey sur gazon sur la glace – depuis les années 1890. En 1939, le hockey fut inscrit au programme de l'Institut de culture physique de Moscou. Les Soviétiques utilisaient les méthodes décrites par l'entraîneur canadien Lloyd Percival dans son manuel publié en 1951 et intitulé *The Hockey Handbook* – un ouvrage quasi inconnu au Canada. Le patron soviétique du hockey, Anatoli Tarasov, fut aussi aidé par le système militaire de l'URSS, qui admettait directement les joueurs de hockey afin qu'ils puissent faire partie de l'équipe de l'Armée rouge.

Le système soviétique allait bientôt rapporter. En 1954, les Soviétiques firent leur première apparition aux championnats mondiaux de hockey sur glace. Et ils surprirent l'équipe canadienne en la battant 7 à 2 pour rafler l'or. Le Canada prit sa revanche l'année suivante grâce aux Vees de Penticton qui remportèrent la médaille d'or, tout comme les Dunlops de Whitby en 1958, les McFarlands de Belleville en 1959 et les Smoke Eaters de Trail qui triomphèrent des Soviétiques en 1961. Mais par la suite, le titre de champion du monde devint pour ainsi dire la propriété des Soviétiques.

Si le Canada voulait reconquérir son titre de champion mondial de hockey, il devrait le faire sans ses deux supervedettes. Le rapide et puissant marqueur Bobby Hull avait été suspendu du tournoi par la LNH parce qu'il l'avait quittée pour se joindre à la nouvelle Associa-

Le Démon blond : Lorsque Guy Lafleur, l'ailier droit des Canadiens de Montréal, remontait la patinoire avec la rondelle, ses cheveux blonds au vent, les partisans se levaient instinctivement. Il devint le premier joueur de la LNH à compter au moins 50 buts et 100 points six saisons de suite. Sa philosophie était simple : « Il faut jouer chaque partie comme si c'était la dernière de sa vie. »

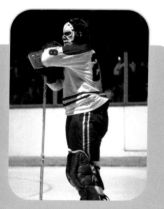

Le Penseur : Le gardien Ken Dryden des Canadiens de Montréal était reconnu pour la posture caractéristique qu'il prenait, en s'appuyant les bras sur son bâton, lorsque le jeu se passait à l'autre bout de la patinoire. Il était aussi renommé pour son excellence devant le filet. Après avoir joué à peine six matchs de saison régulière pour Montréal en 1971, il fut la vedette des séries éliminatoires et permit aux Canadiens de remporter la première des six coupes Stanley qu'ils allaient rafler en huit ans.

tion mondiale de hockey. Et Bobby Orr, le fameux défenseur des Bruins, ne pouvait pas jouer en raison d'une blessure au genou.

Malgré cela, peu de Canadiens doutaient de la victoire de leur équipe. Les journalistes prédisaient que les Russes seraient chanceux de gagner un seul match de la série de huit. Les Soviétiques étaient des robots communistes, disaient-ils, tandis que les Canadiens jouaient au hockey avec passion. Les joueurs soviétiques savaient ce que les Canadiens pensaient d'eux. Ils savaient aussi qu'ils n'avaient rien à perdre.

À 20 heures, le 2 septembre 1972, le premier ministre Trudeau laissa tomber la rondelle au Forum de Montréal, et ce fut le début de la « Série du siècle ». À peine trente secondes plus tard, Phil Esposito compta le premier but d'Équipe Canada. Lorsque Paul Henderson compta de nouveau six minutes plus tard, Équipe Canada semblait capable de combler les attentes extravagantes de ses partisans. Mais les Soviétiques ne tardèrent pas à riposter et à exhiber leurs extraordinaires aptitudes à passer, à patiner et à marquer. À la fin du premier match, le Canada était sous le choc : les Soviétiques l'avaient emporté 7 à 3.

Lors du deuxième match, le Canada se défendit ardemment, voire même – selon certains – brutalement, pour l'emporter au Maple Leaf Gardens. Les équipes jouèrent ensuite à Winnipeg, où elles firent match nul. Puis, lorsque les Soviétiques triomphèrent du Canada 5 à 2 à Vancouver, les partisans huèrent leur équipe

L'« Eagle » : Alan Eagleson (à droite) était un avocat passionné des sports, qui révolutionna le hockey professionnel en aidant à regrouper les joueurs de la LNH en une association des joueurs. Le syndicat conférait plus de pouvoir aux joueurs lors de leurs négociations avec les propriétaires. Eagleson se fit ainsi de nombreux clients : il fut l'agent de bien des joueurs, y compris des vedettes comme Bobby Orr. Eagleson aida à organiser des tournois de hockey internationaux tels que la Série du siècle et la Coupe Canada, mais tout son univers s'effondra lorsque des enquêtes révélèrent des malversations de sa part avec l'argent des joueurs. S'ensuivirent des accusations criminelles auxquelles Eagleson plaida coupable. Il fut condamné à une peine de dix-huit mois de prison et à une amende d'un million de dollars.

au moment où elle quittait la patinoire. Ébranlé lors de son entrevue d'après-match à la télévision, Phil Esposito dit aux partisans canadiens que l'équipe faisait de son mieux, mais le pays se sentait trahi. Il était hors de question de perdre.

Pour remporter la série, Équipe Canada devait gagner trois des quatre matchs joués en territoire ennemi – une mission qui semblait impossible. Ils commencèrent en lions et menèrent 4 à 1 à un certain moment du cinquième match. Mais les Soviétiques se ressaisirent et, soudain, le Canada fut déclassé par un pointage de 5 à 4.

Lors du sixième affrontement, les arbitres ouest-allemands donnèrent un nombre déconcertant de punitions au Canada, car la partie était rude – et les choses n'allaient que s'envenimer.

Les Canadiens étaient exaspérés par le jeu élégant et hardi de Valery Kharlamov. Il ne fallait pas plus que ses trois buts et trois aides pour inciter Bobby Clarke, du Canada, à frapper la jambe de Kharlamov si fort avec son bâton qu'il cassa la cheville du Soviétique. Encore aujourd'hui, les Russes considèrent ce geste comme un crime épouvantable. Le coup de bâton mit Kharlamov pratiquement hors jeu pour le reste de la série (bien qu'il ait participé au huitième match, avec la cheville gelée, et qu'il ait réussi à y obtenir une aide).

Ci-dessus : Trois mille Canadiens – dont la légende du hockey Cyclone Taylor – se rendirent à Moscou pour appuyer leur équipe. Durant les quatre matchs joués en Union soviétique, les partisans devinrent une partie importante de l'équipe.

Équipe Canada avait une autre arme : Paul Henderson. C'était un marqueur séquentiel – il comptait ses buts en séries. Il avait marqué quatre fois durant la série, dont deux fois à la cinquième rencontre. Au sixième match, le but qu'il compta en deuxième période s'avéra le but gagnant. Dans les gradins, les trois mille partisans canadiens commencèrent à crier, « Da, Da Canada, Nyet, Nyet Soviet », ce qui signifiait « Oui, Oui, Canada, Non, Non Soviétiques », en russe.

Les Trailblazers : Avant la Série du siècle de 1972 et les débuts de l'équipe nationale canadienne de hockey masculin en 1963, le Canada envoyait ses meilleurs joueurs amateurs de hockey sur glace aux championnats mondiaux. En 1961, une équipe de la petite ville minière de Trail, en Colombie-Britannique, se rendit en Suisse pour représenter le Canada. Les Smoke Eaters de Trail doivent leur nom à un incident survenu en 1929 : comme l'équipe de la ville avait écopé d'une mauvaise punition, les partisans jetèrent des projectiles sur la glace. Quelqu'un avait jeté sa pipe encore allumée, et l'un des joueurs la mit entre ses dents en quittant de la patinoire. Le lendemain, la caricature du journal *Vancouver Province* dépeignait

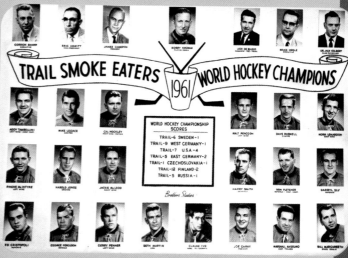

l'incident, et un article qualifiait l'équipe de « bunch of smoke eaters ». Deux ans plus tard, les Smoke Eaters gagnaient leur premier championnat du monde en remportant huit matchs d'affilée et en n'accordant qu'un seul but.

En 1961, les Smoke Eaters étaient dans une situation difficile. Ils étaient au premier rang, ex æquo avec les Tchèques. Pour remporter le tournoi, ils devaient gagner leur dernier match contre les Soviétiques par une marge d'au moins quatre buts, car le nombre de buts était déterminant pour briser l'égalité. À la troisième période de ce dernier match, ils menaient les Soviétiques par le compte de 4 à 1 et avaient besoin d'un autre but pour remporter le titre. Il restait peu de temps lorsque Norm Lenardon de Trail intercepta une passe de dégagement des Soviétiques. Hors d'équilibre, il réussit néanmoins à compter un but qui accrut l'avance des Smoke Eaters à 5 à 1. Ils gagnèrent ainsi leur second championnat du monde et devinrent la fierté du pays. Leur victoire de 1961 marqua toutefois la fin de l'époque où le Canada envoyait une équipe amateur aux championnats du monde de hockey.

La croissance et le déclin de l'AMH : La ligue créée par les frères Patrick – la *Pacific Coast Hockey Association* – fut dissoute en 1924. Par la suite, la LNH régna comme la meilleure ligue professionnelle de hockey du monde. Mais le 1er novembre 1971, deux hommes d'affaires californiens, Dennis Murphy et Gary Davidson, annoncèrent la création d'une ligue concurrente : l'Association mondiale de hockey. La nouvelle ligue amorça ses matchs en octobre 1972 avec dix franchises, dont certaines évoluaient dans des villes canadiennes ignorées par la LNH, comme Winnipeg, Edmonton et Calgary. (D'anciennes villes de la LNH – Ottawa et Québec – allaient aussi se joindre à l'AMH plus tard.) Les propriétaires de la nouvelle ligue avaient besoin d'un joueur de renom pour lui donner une crédibilité instantanée. Ils arrachèrent la supervedette de trente-trois ans Bobby Hull (à droite) aux Black Hawks de Chicago en lui offrant un contrat de dix ans d'une valeur de 2,75 millions de dollars s'il jouait pour les Jets de Winnipeg. La « Comète blonde » accepta un chèque de un million de dollars – une somme inouïe à l'époque – en guise d'avance et fit le saut dans l'AMH le 27 juin 1972. La LNH répliqua à cette nouvelle menace commerciale en refusant de laisser Bobby Hull jouer pour le Canada dans la Série du siècle de 1972. Malgré une campagne nationale menée en représailles par ses partisans déçus, Hull n'eut d'autre choix que de regarder la série des gradins. D'autres légendes de la LNH, dont Gordie Howe (en haut, à droite) et Frank Mahovlich (en bas, à droite), firent aussi le saut dans l'AMH. La nouvelle ligue ne faisait toutefois pas le poids contre la puissante LNH et dut cesser ses activités en 1979.

Les « Broad Street Bullies » : Les Flyers de Philadelphie ont changé la face (ou cassé le nez) du hockey professionnel dans les années 70 avec des tactiques axées sur la rudesse qui leur valurent le surnom de « Broad Street Bullies » (leur amphithéâtre, le Spectrum, se trouvait sur Broad Street). Décidés à ne plus se faire malmener, les Flyers, sous la direction de l'entraîneur Fred Shero, recrutèrent une équipe constituée de joueurs robustes comme Dave « The Hammer » Schultz, des joueurs inépuisables comme Bobby Clarke et le talentueux gardien Bernard Parent pour créer une chimie puissante. Des critiques prétendaient que les Flyers n'étaient que des voyous, mais leur approche bagarreuse, jumelée à du talent pur, fit en sorte qu'ils remportèrent deux coupes Stanley de suite, en 1974 et 1975. Bien d'autres équipes essayèrent d'adopter le même style de jeu. Sur cette photo, on aperçoit Bobby Clarke qui a maille à partir avec le défenseur vedette de Toronto Borje Salming, l'un des premiers joueurs suédois de la LNH et le premier Suédois intronisé au Temple de la renommée du hockey.

Au septième match, il ne restait que deux minutes à jouer dans une partie à égalité 3 à 3 lorsque Henderson lança la rondelle juste au-dessus du coude droit du gardien Vladislav Tretiak. Les partisans canadiens étaient en délire. La série était égale, avec trois victoires de chaque côté et un match nul, et le Canada pouvait maintenant la gagner. Mais les Soviétiques pouvaient tout aussi bien l'emporter.

Et il semblait qu'ils allaient le faire. Après les deux premières périodes de la huitième rencontre, les Canadiens tiraient de l'arrière 5 à 3. Durant l'entracte, le vestiaire des Canadiens était silencieux. Les joueurs savaient ce qu'ils devaient faire. À deux minutes 27 de la troisième période, Phil Esposito s'empara de son propre retour et compta. Dix minutes plus tard, Espo déjoua deux joueurs soviétiques pour se démarquer et décocher un puissant tir sur Tretiak. Le retour rebondit jusqu'à Cournoyer qui enchaîna avec un lancer au but qui égalisa la marque avec à peine sept minutes à jouer.

Des pyramides énergisantes *contre* Kate Smith : Bien des joueurs de hockey ont longtemps cru que de porter leur équipement d'une certaine façon ou de respecter un certain rituel durant l'échauffement aurait une incidence sur la tournure du match. Wayne Gretzky évitait d'empiler ses bâtons les uns sur les autres ou de toucher aux bâtons des autres joueurs. Le gardien Patrick Roy jonglait avec des rondelles entre les périodes, puis les cachait pour conjurer le mauvais sort. Dans les années 70, les Flyers de Philadelphie croyaient que la chanteuse Kate Smith (à droite) et sa version de l'hymne *God Bless America* leur donnaient un avantage. L'ancien joueur des Maple Leafs de Toronto Red Kelly, lorsqu'il fut entraîneur de l'équipe en 1975-1976, plaçait des pyramides de cristal dans le vestiaire et sous le banc des joueurs en espérant que l'énergie dégagée par les pyramides mènerait les Leafs vers une victoire de la coupe Stanley. Après avoir vaincu Pittsburgh, l'équipe torontoise affronta ses féroces rivaux, les Flyers de Philadelphie, qui finirent par gagner un septième match chaudement disputé – avec l'aide de Kate Smith.

Ci-dessus : Un billet pour le huitième match de la Série du siècle à Moscou, le 28 septembre 1972, était un objet précieux. La rencontre représentait l'épreuve finale entre les Canadiens et les Russes : les gagnants de ce match allaient remporter la série.

Fatigués et ébranlés, les Soviétiques se seraient probablement contentés d'un match nul. Mais le Canada jouait pour gagner. Avec moins d'une minute à jouer, Henderson voulait sauter sur la glace. Mais il ne le pouvait pas.

La ligne d'Esposito ne voulait pas quitter la glace. Henderson dut crier à trois reprises, de toutes ses forces et désespérément, avant que Peter Mahovlich ne rentre au banc. Esposito et Cournoyer demeurèrent sur la glace, et Henderson se précipita dans le jeu.

Cournoyer décocha une longue passe diagonale, juste derrière Henderson. Esposito dépassa trois joueurs soviétiques pour récupérer la rondelle, qu'il catapulta vers Tretiak d'une distance de douze pieds (environ 3,5 mètres). Henderson s'empara du retour et relança. Tretiak fit l'arrêt en se jetant sur la glace. La rondelle revint vers Henderson qui lança de nouveau. Et compta.

Trente-quatre secondes plus tard, c'était la fin du match. Le Canada avait gagné.

Les Canadiens allaient tirer des leçons de cette série : mettre davantage l'accent sur le conditionnement physique et le perfectionnement des habiletés. Peu de temps après, des joueurs suédois et finlandais commencèrent à porter les couleurs d'équipes de la LNH. Puis, en 1989, les premiers joueurs soviétiques furent admis dans la LNH à leur tour. Des barrières venaient de tomber entre les pays, ce qui a grandement amélioré le jeu.

Quant à Paul Henderson, il continua à jouer dans la LNH, puis joua pendant un certain temps dans l'AMH. Il n'accomplit aucun autre exploit. Mais, au fond, ce n'était pas nécessaire. Il avait été le héros du moment le plus important.

La Merveille

Chaque hiver à Brantford, en Ontario, Walter Gretzky arrosait sa cour arrière afin d'en faire une patinoire pour son fils. Il savait qu'il avait du talent, qu'il pouvait même être un génie du hockey. Mais Walter Gretzky ne laissa rien au hasard.

Walter inventa des exercices pour son fils. Wayne sautait par-dessus des bâtons de hockey pendant que son père lui faisait des passes. Il apprit à lancer de façon précise en visant les coins du but – Walter bloquait le reste du filet avec la table de pique-nique familiale renversée.

« Lorsque les Russes vinrent jouer ici en 1972 et 1973 », se rappela Wayne Gretzky, les gens disaient "Wow ! C'est incroyable." Mais pour moi, ça ne l'était pas. Je pratiquais ces habiletés depuis l'âge de trois ans. Mon père était fort ingénieux. »

À treize ans, Gretzky n'avait joué des matchs de hockey organisé que pendant sept ans, mais il avait déjà compté 988 buts et était sur le point de dépasser le cap du mille. Mais il n'avait pas du tout l'air d'un gars qui allait réécrire l'histoire du hockey. Il était chétif et timide.

Quelques années plus tard, Gretzky joua au sein de l'équipe de hockey junior des Greyhounds de Sault Ste. Marie. Après seulement dix-sept matchs, il dominait la ligue avec 20 buts et 35 aides, soit une moyenne étonnante de près de quatre points par partie. Il fut interviewé à la télévision nationale en novembre 1977 et dévoila son secret au pays tout entier.

Ci-contre : On aperçoit ici un Wayne Gretzky radieux qui pose avec sa quatrième coupe Stanley, en 1988, et le trophée Conn Smythe du joueur le plus utile des séries de la coupe Stanley. Gretzky était le noyau de la dynastie des Oilers : les entraîneurs Glen Sather (à genou, à gauche) et John Muckler (à genou, à droite), le propriétaire Peter Pocklington (derrière la coupe), le gardien Grant Fuhr (partiellement caché, dans la rangée du milieu, à droite) et Mark Messier (en haut, à droite).

« Quand je suis sur la glace, j'essaie de prévoir le jeu le plus possible, expliqua Gretzky. Avant même que le jeu ne soit amorcé, j'essaie de penser à l'endroit où ira la rondelle et où je devrais me placer. Quand je m'approche du but, je pense à tout sauf à compter. »

Gretzky entreprit sa carrière professionnelle avec les Racers d'Indianapolis de l'Association mondiale de hockey. Il porta ensuite les couleurs des Oilers d'Edmonton. Les Oilers jouaient dans l'AMH mais étaient sur le point de faire le saut dans la LNH. Ils offrirent à Gretzky un contrat de vingt et un ans d'une valeur de cinq millions de dollars, qu'il signa le jour de son dix-huitième anniversaire en janvier 1979. C'était, à l'époque, le plus gros contrat de l'histoire du sport.

À la fin de sa première saison dans la LNH, en 1979-1980, Gretzky avait accumulé 137 points et dominait le classement des pointeurs de la LNH, ex æquo avec l'as marqueur des Kings de Los Angeles Marcel Dionne. (Le titre fut décerné à Dionne qui avait compté plus de buts.) Gretzky remporta le premier de ses huit trophées Hart consécutifs (il en reçut un total de neuf) à titre de joueur le plus utile du circuit. On lui décerna aussi le premier de ses cinq trophées Lady Byng du joueur le plus gentilhomme.

Le numéro 99 avait une toute nouvelle approche à l'égard du jeu. Sa fameuse capacité de visualiser l'ensemble de la patinoire était une nouveauté que les gens devaient apprendre à apprécier. Gretzky semblait parfois patiner pour rien. Puis, la rondelle apparaissait là où Gretzky avait prévu qu'elle se trouverait elle pénétrait dans le but adverse.

Il aimait se placer derrière le but de ses adversaires, dans un espace que les journalistes sportifs se mirent à appeler son « bureau ». Si un adversaire arrivait dans un sens pour le mettre en échec, il partait dans l'autre sens. Si deux adversaires le coinçaient de part et d'autre, cela signifiait qu'un de ses coéquipiers était libre. Gretzky était une menace même quand il semblait ne rien faire.

Et Gretzky eut d'excellents coéquipiers : Mark Messier, Glenn Anderson, Jari Kurri, Paul Coffey, Esa Tikkanen et le gardien Grant Fuhr, qui mirent leurs talents en commun pour former une équipe championne. Ils étaient appuyés par les robustes Dave Semenko et Marty McSorley. Leur tâche consistait à veiller à ce que les adversaires laissent Gretzky tranquille afin qu'il puisse faire ce qu'il faisait de mieux, c'est-à-dire jouer au hockey.

Frères d'armes : Au début des années 80, la Tchécoslovaquie (maintenant scindée en deux pays, la République tchèque et la Slovaquie) était un état totalitaire communiste. Trois frères qui jouaient au hockey, Peter, Marian et Anton Stastny, s'en évadèrent et se réfugièrent au Canada où ils jouèrent pour les Nordiques de Québec. Leur défection causa beaucoup de tristesse en Tchécoslovaquie, surtout quand Peter porta les couleurs du Canada dans le cadre du tournoi de la Coupe Canada de 1984. Mais Stastny était devenu citoyen canadien et voulait jouer pour son nouveau pays. Ensemble, les frères étaient les piliers des Nordiques. Ils ne remportèrent jamais la coupe Stanley, mais l'excellence de Peter Stastny fut reconnue par son intronisation au Temple de la renommée du hockey en 1998.

Le « King » en exil : Marcel Dionne a toujours été non conformiste. En raison de la pression exercée par ses concitoyens et parce qu'il voulait apprendre l'anglais, il rejeta une carrière junior dans sa province natale du Québec et alla plutôt jouer pour l'équipe de St. Catharines, en Ontario. Lorsqu'il fut recruté dans la LNH, le joueur de centre fit sa marque et devint champion compteur des Kings de Los Angeles. C'était une époque – avant l'arrivée de Gretzky – où le hockey était presque inconnu dans le Sud de la Californie. Malgré cela, Dionne surclassa Wayne Gretzky au championnat des pointeurs de la ligue en 1980. Lorsqu'il prit sa retraite en 1989, il était troisième meilleur pointeur de l'histoire de la LNH, derrière Gretzky et Gordie Howe.

Ci-dessus, à droite : Wayne Gretzky, immobilisé près de son « bureau » derrière le filet de Philadelphie, et Jari Kurri (le numéro 17) formaient l'un des duos les plus productifs que la LNH n'ait jamais connus. Flanquant Gretzky à l'aile droite, Kurri était un joueur complet : il pouvait compter des buts aussi facilement qu'il pouvait les contrer. Durant la saison 1984-1985, Kurri compta 71 buts et obtint 135 points, établissant un record de points obtenus en une seule saison par un ailier droit. Il termina au second rang du classement des pointeurs derrière Gretzky, et les Oilers remportèrent leur deuxième coupe Stanley d'affilée.

Et Gretzky continua à fracasser des records. En mars 1981, il obtint trois aides dans une victoire de 5 à 2 contre Pittsburgh pour dépasser le record de 152 points détenu par Phil Esposito. Deux jours plus tard, il fracassa le record de 102 aides de Bobby Orr avant de terminer la saison avec un formidable total de 164 points – 55 buts et 109 aides.

Mais ce n'était que le début. Le 30 décembre 1981, Gretzky compta cinq buts contre Philadelphie pour atteindre la marque de 50 buts en 39 matchs, qui n'avait jamais été atteinte aussi rapidement dans l'histoire de la LNH. Deux mois plus tard, lors d'une partie contre Buffalo, Gretzky enfila trois buts pour fracasser le record de 76 buts de Phil Esposito, puis atteignit un total sans précédent de 92 buts et 120 aides. Wayne Gretzky fut le premier joueur de la LNH à dépasser le cap considéré inaccessible de 200 points en une seule saison.

Comme les Oilers d'Edmonton savaient qu'il valait bien plus que ce qu'ils le payaient, ils déchirèrent son ancien contrat et en négocièrent un nouveau. Ils lui offrirent 20 millions pour quinze ans, ainsi qu'une participation dans un centre commercial. Les Oilers promirent que Gretzky demeurerait un Oiler jusqu'à la fin de sa carrière.

En mai 1984, Gretzky mena les Oilers à la première de leurs quatre coupes Stanley. Et comme s'il n'en avait pas fait assez, ses

La Coupe Canada : Lors du match inaugural de la Coupe Canada, Steve Shutt, le vif et prolifique compteur des Canadiens de Montréal, s'apprête à atterrir brusquement sur la glace, sous les yeux de son coéquipier – et compagnon de ligne à Montréal – Peter Mahovlich. Le tournoi de la Coupe Canada regroupait tous les quatre ans les équipes des meilleurs pays de hockey. La première série eut lieu en 1976 lorsque le Canada vainquit les Tchèques en gagnant les deux premières parties de la finale de trois matchs pour remporter le nouveau trophée. La Coupe Canada suivante se tint en 1981 (elle fut retardée d'un an à cause de l'invasion russe de l'Afghanistan), et les Soviétiques triomphèrent du Canada en finale. L'organisateur du tournoi Alan Eagleson empêcha les Soviétiques de rapporter le trophée chez eux. Pour faire oublier le terrible manque d'esprit sportif d'Eagleson, un homme de Winnipeg, George Smith, demanda aux Canadiens de donner de l'argent pour financer la fabrication d'un autre trophée. Il amassa rapidement 32 000 $ de dons, et les Soviétiques furent à la fois surpris et touchés de recevoir une réplique du trophée. La Coupe Canada se poursuivit jusqu'en 1991 – le Canada remporta chaque championnat après 1981. Le tournoi fut remplacé par la Coupe du monde de hockey en 1996.

« Big Bird » : Du haut de ses six pieds quatre pouces (1,93 mètre), Larry Robinson était un défenseur intimidant de 225 livres (102 kilos) qui patrouilla la ligne bleue des Canadiens de Montréal pendant dix-sept saisons. Il passa par la suite trois autres années avec les Kings de Los Angeles. Il reçut le trophée Norris du meilleur défenseur de la ligue deux fois, mais c'était aussi un manieur de rondelle doué, qui accumula 958 points en saison régulière, en plus de ses 144 points obtenus en séries. Lorsqu'il prit sa retraite en 1992, Robinson devint entraîneur et remporta, derrière le banc de l'équipe du New Jersey, deux coupes Stanley qui s'ajoutent aux six qu'il avait gagnées sur la glace à Montréal.

À droite : Le jeune Wayne Gretzky observe le jeu à partir du banc. On prétend qu'il pouvait visualiser les jeux dans sa tête avant même qu'ils ne se produisent sur la glace.

L'entraîneur : Scotty Bowman est l'entraîneur de la LNH qui compte le plus de victoires, soit 1 244. À cela s'ajoutent neuf coupes Stanley et une génération de joueurs et d'entraîneurs qu'il a formés ou inspirés et souvent battus. Bowman n'a pas pu jouer au hockey professionnel parce qu'il avait subi une blessure lorsqu'il était junior, mais il est quand même devenu une légende grâce à son cerveau. Raffinant ses stratégies d'entraînement au fil de ses vingt-sept années dans la LNH, il fut à la tête d'équipes qui connurent toujours plus de victoires que de défaites, dont St-Louis, Montréal, Buffalo, Pittsburgh et Détroit. En 1997, il mena les Red Wings à leur premier championnat de la coupe Stanley en quarante-deux ans.

compatriotes comptaient maintenant sur lui pour que le Canada remporte le tournoi de la Coupe Canada en 1984.

Trois ans plus tôt, Équipe Canada avait été humiliée par une puissante équipe soviétique. Gretzky avait fait partie de cette équipe canadienne, mais il était maintenant appuyé par ses coéquipiers gagnants de la coupe Stanley. L'équipe qui avait remporté le trophée de Lord Stanley entreprit de rétablir la réputation des hockeyeurs canadiens sur la scène internationale.

Les choses s'annonçaient mal. À la fin de la première ronde, les Soviétiques avaient une fiche parfaite de cinq victoires contre aucune défaite, tandis que le Canada affichait deux victoires, deux défaites et un match nul. Cela leur valut une place en demi-finale, mais contre les Soviétiques.

Le match alla en prolongation. Paul Coffey, du Canada, stoppa une attaque deux contre un des Soviétiques et s'élança – Coffey était l'un des patineurs les plus élégants de la ligue – dans une montée fulgurante. Il décocha un tir en direction du gardien soviétique, et son coéquipier Mike Bossy le fit dévier dans le filet. Après cette victoire, Équipe Canada remporta la série finale de deux matchs contre une équipe suédoise tenace.

La vie après Gretzky : Après l'échange de Wayne Gretzky à Los Angeles en 1988, les partisans d'Edmonton pensaient qu'ils ne reverraient jamais plus la coupe Stanley. Mais deux saisons plus tard, les Oilers, menés par leur capitaine Mark Messier (tenant la coupe) et ses coéquipiers Esa Tikkanen et Joe Murphy, triomphèrent des Bruins de Boston pour rapporter à Edmonton leur cinquième coupe Stanley en sept ans.

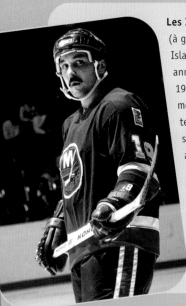

Les Islanders : Dirigé par leur excellent joueur de centre Bryan Trottier (à gauche) et l'as compteur Mike Bossy (à droite) à l'aile droite, les Islanders de New York étaient une dynastie du hockey au début des années 80. Ils remportèrent quatre coupes Stanley d'affilée de 1980 à 1983, devenant ainsi la première équipe des États-Unis à gagner au moins trois coupes de suite. Après avoir établi un record de tous les temps pour une recrue en comptant 53 buts durant sa première saison dans la LNH, Mike Bossy dépassa le cap des 50 buts à deux autres reprises par la suite. Durant la saison 1980-1981, Bossy visa le record qui n'avait jamais été égalé depuis 1945 : celui de 50 buts en 50 matchs de Rocket Richard. La tension était palpable lorsque la troisième période du cinquantième match commença, et Bossy était encore coincé à 49 buts. Puis, avec moins de deux minutes à jouer, Bossy reçut une passe de Trottier et compta dans le filet des Nordiques de Québec pour égaler le record apparemment inaccessible du Rocket.

Le « miracle sur glace » : 1980 fut une année difficile pour les Américains. Ils étaient encore blessés sur le plan émotif par leur défaite au Viêtnam aux mains des communistes. Certains de leurs citoyens étaient retenus en otage en Iran par un nouveau gouvernement hostile. Et les Soviétiques venaient d'envahir l'Afghanistan. Les États-Unis avaient besoin se faire remonter le moral.

Cette année-là, les Jeux olympiques d'hiver avaient lieu à Lake Placid, dans l'État de New York, mais les observateurs ne donnaient pas cher de l'équipe américaine de hockey masculin, même si elle avait l'avantage de la glace. L'équipe ne comptait aucun joueur connu. Toutefois, motivés par un entraîneur tenant du principe « qui aime bien châtie bien », Herb Brooks, les joueurs américains réussirent leur premier miracle en défaisant les Soviétiques 4 à 3 dans le match de demi-finale, que plusieurs voyaient comme rien de moins qu'un affrontement entre la démocratie américaine et le communisme soviétique. Puis, soulevés par leur ardeur patriotique, les Américains connurent leur second miracle en triomphant de la Finlande 4 à 2 pour remporter l'or. Une génération de jeunes américains commença à jouer au hockey par suite de ce « miracle sur glace ».

La rapidité en toute souplesse : Scotty Bowman a déjà décrit le défenseur Paul Coffey comme « un quatrième attaquant ». Le coup de patin de Coffey était si élégant qu'il arrivait souvent que ses adversaires ne réalisent pas la vitesse à laquelle il patinait jusqu'à ce qu'il les dépasse. Avec son puissant lancer, Coffey pouvait aussi compter des buts. Il était également très efficace dans son territoire, à preuve les trois trophées Norris qu'il a remportés à titre de meilleur défenseur de la LNH. Ce fut un membre important de l'équipe des Oilers d'Edmonton, championne de la coupe Stanley dans les années 80.

Gretzky fut l'une des étoiles du tournoi et termina au premier rang des pointeurs avec cinq buts et sept aides en huit matchs. Les Canadiens avaient maintenant toutes les raisons de croire à un long et heureux règne du Canada au sommet du hockey international. Gretzky avait vingt-trois ans.

Puis tomba la nouvelle qui ébranla le pays. Durant l'été 1988, juste après son éblouissant mariage avec l'actrice américaine Janet Jones, un Gretzky en larmes annonça qu'il avait accepté d'être échangé aux Kings de Los Angeles. Les Oilers d'Edmonton avaient des problèmes financiers, et leur propriétaire Peter Pocklington vit Gretzky comme une précieuse marchandise dont la vente pouvait rapporter beaucoup d'argent. C'est ainsi que le 9 août, Gretzky et deux de ses coéquipiers s'envolèrent vers Los Angeles en échange de deux Kings, de trois choix de premier tour au repêchage et de 20 millions de dollars. Le jeune joueur qui avait établi une nouvelle norme salariale au hockey était vendu parce qu'il valait trop cher.

Gretzky aida à accroître la popularité du hockey de la LNH aux États-Unis. Les partisans qui se faisaient dorer sur les plages californiennes portaient des chandails des Kings avec le numéro 99 et le nom Gretzky dans le dos. Chez nous, les Canadiens osaient espérer qu'il reviendrait un jour et ramènerait la gloire du hockey avec lui. C'est ce qu'il fit, mais fidèle à ses habitudes, Gretzky allait le faire à sa façon.

CHAPITRE NEUF

Mario et Manon

Tout comme Walter Gretzky l'avait fait pour Wayne, la mère de Mario Lemieux lui aménagea aussi une patinoire. Mais la sienne était un peu différente. Elle ne se trouvait pas dans la cour de la famille Lemieux, mais plutôt *à l'intérieur* de la maison.

La mère de Mario transportait à la pelle la neige de sa cour et l'étendait dans son vestibule d'entrée. Elle tassait ensuite la neige jusqu'à ce que sa surface soit dure, puis laissait les portes ouvertes pour que ça gèle. Mario patinait sur cette petite patinoire dans le vestibule. Ce ne fut pas long, toutefois, avant que toutes les patinoires soient trop petites pour son immense talent.

Manon Rhéaume – de quelques années la cadette de Mario – était une petite fille vivant près de Québec, qui, elle aussi, avait de grandes ambitions au hockey. Mais pour cela, elle devait jouer avec les garçons. Lorsque son père avait besoin d'un gardien au sein de l'équipe dont il était l'entraîneur, Manon disait qu'elle connaissait le joueur idéal : elle-même.

Pour éviter d'attirer l'attention, ils décidèrent de ne révéler à personne qu'elle était une fille. « Et la première fois, pour être sûrs que personne n'allait me juger parce que j'étais une fille, ils m'habillèrent à la maison, raconta-t-elle. Comme je portais mon casque quand j'ai sauté sur la glace, on ne pouvait pas remarquer grand-chose. »

Mais bien des gens remarqueraient Mario et Manon, parce que les deux allaient changer le hockey, chacun à leur façon.

La première fois que Lemieux attira l'attention du monde du hockey, ce fut quand il refusa de porter les couleurs du Canada au championnat du monde junior de 1984. Il disait que cela nuirait à

Ci-contre : En tant que première femme à jouer dans la LNH, la gardienne Manon Rhéaume fut une pionnière du hockey. Son exploit fit tourner les regards vers le hockey féminin.

ses chances de remporter le championnat des compteurs de sa ligue. De nombreux partisans étaient furieux parce qu'il avait placé ses intérêts personnels avant ceux de son pays.

Il attira de nouveau l'attention quand il refusa d'enfiler un chandail. Les Penguins de Pittsburgh venaient d'en faire leur premier choix au repêchage amateur de 1984, et Lemieux refusa de se faire photographier avec le chandail de l'équipe. C'était sa façon de dire aux Penguins qu'ils ne lui offraient pas assez d'argent. Il voulait un million de dollars.

Mario fut très critiqué pour son geste qui semblait tout à fait égoïste. Mais il connaissait sa valeur. Au cours de sa dernière saison de hockey junior avec les Voisins de Laval, il avait compté un nombre ahurissant de 133 buts et amassé 282 points. Malgré tout, on considérait que de verser un million de dollars à une recrue était exagéré. Les parties finirent par s'entendre. Mario encaisserait son million s'il méritait ses « primes ». Il lui suffirait de prouver qu'il était aussi bon qu'il le prétendait.

Il commença donc à marquer dès sa première apparition sur la glace à son premier match dans la LNH. Puis, il remporta le trophée Calder de la recrue de l'année. Même si les Penguins n'accédèrent pas aux séries, Lemieux avait redonné espoir à leurs partisans.

Lemieux rallia plusieurs partisans lorsqu'il accepta de jouer pour Équipe Canada dans le cadre de la Coupe Canada de 1987. Ce serait la

Le capitaine : Steve Yzerman gagna le respect de la LNH rapidement : au cours de la saison 1986-1987, il devint le plus jeune capitaine de l'histoire des Red Wings de Détroit. Le centre de vingt et un ans assuma sa responsabilité en étant champion compteur de son équipe sept années d'affilée, dont cinq où il marqua plus de 50 buts. Yzerman aida également les Wings à remporter trois coupes Stanley et joua un rôle primordial dans l'obtention de la médaille d'or du Canada aux Jeux olympiques de Salt Lake City.

Ci-contre : Mario le Magnifique utilise sa taille pour enlever la rondelle à un joueur de Chicago. Malgré sa grande force physique, Lemieux préférait habituellement se servir de feintes et de sa vitesse pour déjouer ses adversaires.

Toutes de rose vêtues : Après avoir été ignorées pendant des décennies, les femmes canadiennes eurent finalement leur chance de participer au tout premier tournoi international de hockey féminin tenu à Ottawa en mars 1990. Le réseau canadien TSN (*The Sports Network*) diffusa quatre matchs à l'échelle nationale. Environ quatre-vingt-cinq journalistes, en provenance de six pays, vinrent couvrir le plus important tournoi de hockey féminin. Il y avait des équipes de la Suède, de la Finlande, de la Norvège, de l'Allemagne de l'Ouest, de la Suisse, du Japon et des États-Unis. Lorsque les Canadiennes entrèrent dans le vestiaire pour enfiler le chandail de leur pays, elles furent horrifiées de voir qu'il était rose. Tout aussi insultant pour les joueuses qui prenaient leur sport très au sérieux fut le fait que l'on offre une transformation esthétique comme prix de présence. Au terme du tournoi, les « Dames en rose » avaient démontré que c'était la feuille d'érable sur leur chandail qui importait. Elles surclassèrent leurs adversaires européennes par 32 points contre un seul et triomphèrent du Japon 18 à zéro. Après avoir accordé deux buts aux États-Unis dans le match de championnat, les Canadiennes revinrent de l'arrière et marquèrent cinq buts sans riposte pour remporter l'or.

première fois qu'il porterait les couleurs du Canada en même temps que Gretzky, et Lemieux avait quelque chose à prouver.

Équipe Canada perdit le premier match de la série finale de trois matchs contre les Soviétiques. Au deuxième match, Lemieux se mit en marche. Il obtint un tour du chapeau, les trois buts ayant été comptés avec l'aide de Gretzky. Son troisième but, un véritable chef-d'œuvre à la dixième minute de la seconde période de surtemps permit de niveler la série.

Le match de championnat eut lieu à Hamilton. Avec seulement deux minutes de temps réglementaire à jouer, le pointage était égal à cinq buts partout, et Lemieux n'avait pas encore compté. Gretzky et lui étaient sur la glace pour une mise au jeu en territoire du Canada. Les Soviétiques remportèrent la mise au jeu. Lemieux,

Saint Patrick : On l'appelait « saint Patrick » parce qu'il faisait des miracles devant le filet. Roy grandit en admirant les Nordiques de Québec. Il détestait Montréal, mais ce sont les Canadiens qui le recrutèrent au cinquante et unième choix du repêchage de 1984. C'est dans leur uniforme qu'il démontra ses habiletés étonnantes. Il remporta deux coupes avec les Canadiens. Roy pouvait s'étirer comme un chat pour faire un arrêt quasi impossible ou se tenir tout droit devant le lanceur et lui faire baisser les yeux. Ce qui l'aidait, c'est que les jambières grossissaient à chaque saison. En novembre 1995, l'entraîneur de Montréal, avec lequel il avait eu une dispute, laissa Roy devant le filet alors qu'on venait de compter neuf buts contre lui dans un match qui devait se solder par une victoire de 12 à 1 pour Détroit. Humilié, Roy demanda à être échangé. On exauça son souhait, et il fut envoyé au Colorado. Il aida l'Avalanche à remporter la coupe Stanley à la fin de la saison. Quand il prit sa retraite en 2003, il comptait 551 victoires, un record qu'aucun gardien de la LNH n'a encore égalé.

dont les six pieds quatre pouces (1,93 mètre) et 230 livres (104 kilos) donnaient l'impression qu'il était beaucoup plus lent qu'il ne l'était vraiment, se servit de sa longue portée pour enlever la rondelle au joueur soviétique, puis la balaya vers l'avant pour Gretzky. Les deux supervedettes s'élancèrent. Le défenseur Larry Murphy se joignit à eux dans une échappée à trois contre deux.

Les partisans étaient debout et criaient lorsque Gretzky traversa la ligne bleue avec la rondelle en longeant la bande et en entraînant un joueur soviétique avec lui. Murphy se dirigea vers le filet et entraîna l'autre défenseur avec lui. Cela signifiait que Lemieux était libre. Gretzky, qui voyait tout, lui fit une passe parfaite, sur la lame de son bâton. Lemieux tira sur réception dans le coin supérieur du filet soviétique, du côté du gant. Le Canada remporta le match de cette façon héroïque, à la dernière minute, et Lemieux avait chassé un vieux spectre. « Quoi de plus exaltant que de compter les deux buts gagnants contre les Russes ? dit-il. Je crois que j'ai répondu à certaines questions qu'on se posait à mon égard durant ce tournoi. »

Mais une question demeurait sans réponse dans l'esprit de bien des partisans : comment se mesurait-il vraiment à Gretzky ? La saison suivante, il y répondit en dépassant Gretzky au sommet du classement pour remporter le premier de ses cinq trophées Art Ross du meilleur pointeur de la LNH. Il remporta aussi le premier de ses trois trophées Hart du joueur le plus utile de la ligue. Et en 1991, malgré de lancinantes douleurs au dos, Lemieux mena les Penguins à la première de leurs deux coupes Stanley consécutives.

Lemieux était au faîte de sa gloire lorsqu'il dut mener le

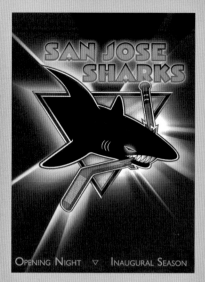

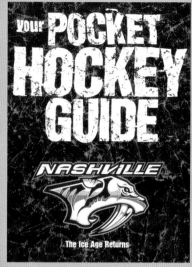

L'expansion : À l'automne 1993, la société Disney contraria les puristes du hockey en formant une équipe d'expansion de la LNH à laquelle elle donna comme nom le titre de l'un de ses films. Le film, un succès de 1992, mettait en vedette un avocat véreux arrêté pour conduite en état d'ébriété. Condamné à des travaux communautaires, il devint entraîneur d'une équipe de hockey d'enfants mésadaptés portant le nom de *Mighty Ducks*. Les joueurs de la véritable équipe des Mighty Ducks d'Anaheim portaient un chandail avec le visage d'un canard en colère et jouaient leurs matchs à domicile à l'aréna appelé *The Pond*, qui signifie l'étang. L'arrivée de l'équipe d'Anaheim était quand même bien plus qu'une astuce publicitaire accrocheuse. La LNH prenait au sérieux l'expansion du hockey aux États-Unis. Il y eut ensuite d'autres équipes d'expansion comme San Jose et Miami, ainsi qu'Ottawa qui avait une longue tradition de hockey. En dix ans, on forma des équipes dans des endroits où le hockey était inconnu, comme Nashville et les Carolines, mais aussi dans des villes plus axées sur le sport comme Minnesota et Columbus.

Le tireur d'élite : C'est rare que deux supervedettes de la LNH soient issues de la même famille, mais Brett Hull a hérité du génie de son père Bobby sur la glace. C'est le seul duo père-fils de l'histoire de la LNH ayant franchi le cap des 1 000 points. Brett Hull était un patineur rapide avec un lancer foudroyant. Il aurait voulu gagner une autre coupe Stanley pour l'équipe de son père, mais il n'a jamais joué pour les Black Hawks de Chicago. Il a plutôt remporté la coupe dans les uniformes de Dallas et de Détroit.

combat le plus ardu de sa vie. En décembre 1992, il apprit qu'il souffrait de la maladie de Hodgkin – une forme de cancer.

Lemieux subit des traitements de radiothérapie pendant quatre semaines. Cette thérapie s'accompagne souvent d'effets secondaires pénibles, dont une grande fatigue, mais la condition physique de Lemieux fut un atout. Après son dernier traitement, le 2 mars 1993, la brûlure des radiations encore visible dans son cou, Lemieux s'envola vers Philadelphie pour aller rejoindre les Penguins. Ce soir-là, après une ovation de quatre-vingt-dix secondes de la part des partisans invétérés de Philadelphie, il célébra sa survie en marquant un but et en obtenant une aide.

L'exemple de Mario Lemieux inspira bien des enfants américains qui commencèrent à jouer au hockey et formèrent ce qu'on appela la « génération Mario ». Manon Rhéaume n'était pas une supervedette comme Mario – comment l'aurait-elle pu sans une ligue professionnelle de hockey féminin ? – mais elle aussi incita toute une génération de jeunes filles à jouer au hockey.

Manon Rhéaume fut la première femme à jouer un match de hockey junior lorsqu'elle porta les couleurs des Draveurs de Trois-Rivières de la Ligue de hockey junior majeure du Québec. Une

Ci-dessus : Manon Rhéaume jubile après sa victoire contre les Américaines en mars 1990.

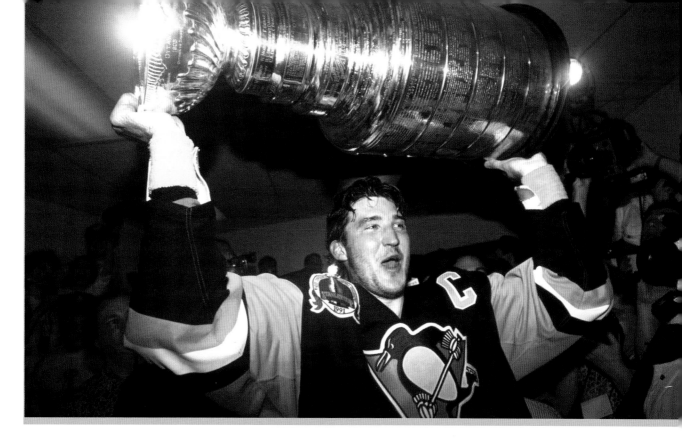

Ci-dessus : Lemieux célèbre la première coupe Stanley jamais remportée par Pittsburgh, en 1991. C'était aussi la première de sa carrière. Malgré de très incommodants malaises au dos, Lemieux revint au jeu vers la fin de la saison, amassant 44 points en 23 parties, et raflant le trophée Conn Smythe du joueur le plus utile des séries de la coupe Stanley.

vidéocassette de sa performance fut acheminée à Phil Esposito, le gérant général du Lightning de Tampa Bay, qui fut impressionné. Ensuite, ses dépisteurs lui apprirent que Rhéaume était une fille. « J'imagine que cela a incité Phil à voir la vidéocassette différemment, raconta Rhéaume. C'était la première fois que le fait d'être une fille avait du bon. »

Esposito, qui essayait de vendre un sport d'hiver sous les chauds rayons de la Floride, voyait en Manon non seulement un bon gardien, mais aussi une brillante idée de marketing. C'est ainsi que Manon Rhéaume se retrouva à jouer dans un match hors concours de la LNH contre St-Louis. Elle devint la première femme à jouer dans la ligue de hockey la plus prestigieuse du monde.

Manon Rhéaume, tout comme la fillette de quinze ans Hayley Wickenheiser, fit partie de l'équipe féminine canadienne qui remporta l'or au championnat du monde de 1994. Rhéaume marqua l'histoire de nouveau en 1998, en tant que membre de l'équipe canadienne qui participa au premier tournoi olympique de hockey féminin à Nagano, au Japon. Mario Lemieux aussi était là, parce que le Canada envoyait maintenant ses meilleurs joueurs et espérait remporter deux médailles d'or. Bien des partisans canadiens étaient tellement certains de la victoire, comme par les années passées, qu'ils commencèrent à célébrer trop tôt. Et, comme cela s'était déjà produit, une surprise amère les attendait.

CHAPITRE DIX

L'or dans la glace

Pour bien des Canadiens, les Jeux olympiques d'hiver de 1998 à Nagano, au Japon, furent un cauchemar. Les Canadiennes avaient certes gagné la médaille d'argent mais, dans le fond de leur cœur, elles savaient qu'elles avaient le talent pour remporter l'or.

Pour ce qui est de l'équipe nationale masculine, l'or s'était transformé en plomb. Plus d'un million de Canadiens avaient regardé avec horreur Équipe Canada perdre la fusillade en prolongation du match de demi-finale contre la République tchèque. Ensuite, les Canadiens déconcertés avaient laissé filer la médaille de bronze aux mains des Finlandais. « Dès que tu enfiles l'uniforme, on s'attend à ce que tu gagnes la médaille d'or, raconta Gretzky. C'est le seul pays du monde où c'est comme ça. »

Le hockey international avait évolué énormément depuis l'époque où Frank Frederickson et ses Falcons de Winnipeg pouvaient accorder gentiment des buts à leurs adversaires reconnaissants. Maintenant, des pays comme la Suède, la République tchèque, la Finlande et la Russie étaient en mesure de rappeler des joueurs de la LNH pour combler les postes au sein de leur équipe nationale. Et il y avait l'équipe américaine, une superpuissance du hockey qui avait remporté les honneurs olympiques en 1980, lors du fameux « miracle sur glace ». De nos jours, certains des meilleurs joueurs de la LNH sont des citoyens américains.

Alors, pour les Jeux olympiques de 2002 à Salt Lake City, les organisateurs canadiens regroupèrent une équipe foudroyante. Wayne Gretzky, qui s'était retiré de la LNH en 1999, serait de retour

Ci-contre : Wayne Gretzky, le directeur général d'Équipe Canada, exhibe fièrement la pièce d'un dollar que l'on surnomma le « huard porte-bonheur ».

À gauche : L'équipe olympique canadienne de hockey féminin célèbre la première médaille d'or olympique de son histoire à Salt Lake City, en 2002.

à titre de gérant général. Et Mario Lemieux aussi serait de la partie : il était revenu au jeu.

Lemieux avait accroché ses patins en 1997. Mais il apprit une mauvaise nouvelle par la suite. Accablés de dettes, les Penguins de Pittsburgh ne pouvaient pas lui verser l'argent qu'ils lui devaient, et c'était beaucoup d'argent : 33 millions de dollars.

Alors, Lemieux fit quelque chose que n'avait jamais fait un autre athlète professionnel : il acheta son ancienne équipe avec un groupe de propriétaires. Afin d'attirer de nouveau les partisans dans les gradins, il endossa son ancien chandail numéro 66 et sauta sur la glace.

Malgré ses quatre années d'absence, lorsque Lemieux fit son retour, le 27 décembre 2000, il montra tout de suite qu'il ne plaisantait pas. Après à peine trente-trois secondes de jeu, il obtint une aide puis compta dans un blanchissage de cinq à zéro aux dépens des Maple Leafs de Toronto. « C'est un homme d'affaires en complet le jour », raconta sur un ton admiratif un cadre des Penguins. « Et le soir, il enfile son uniforme et joue. »

Après son désastre à Nagano, l'équipe de hockey masculin avait besoin d'un super héros. La mission de Lemieux consistait à remporter la médaille d'or et à la rapporter au pays.

Trent Evans, lui aussi, rêvait de la médaille d'or olympique.

Evans faisait partie de l'équipe de techniciens de patinoire des Oilers d'Edmonton, qui était célèbre dans toute la LNH. Les organisateurs des Jeux olympiques de Salt Lake City invitèrent Evans et quelques-uns de ses collègues à faire partie d'une équipe internationale d'experts de patinoire et de chauffeurs de Zamboni.

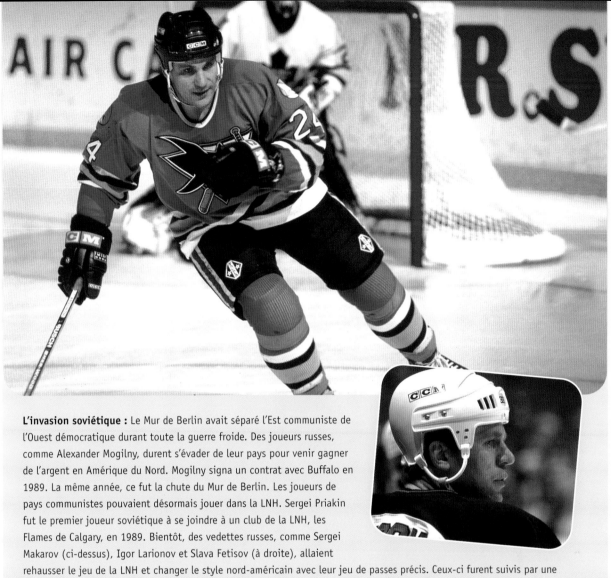

L'invasion soviétique : Le Mur de Berlin avait séparé l'Est communiste de l'Ouest démocratique durant toute la guerre froide. Des joueurs russes, comme Alexander Mogilny, durent s'évader de leur pays pour venir gagner de l'argent en Amérique du Nord. Mogilny signa un contrat avec Buffalo en 1989. La même année, ce fut la chute du Mur de Berlin. Les joueurs de pays communistes pouvaient désormais jouer dans la LNH. Sergei Priakin fut le premier joueur soviétique à se joindre à un club de la LNH, les Flames de Calgary, en 1989. Bientôt, des vedettes russes, comme Sergei Makarov (ci-dessus), Igor Larionov et Slava Fetisov (à droite), allaient rehausser le jeu de la LNH et changer le style nord-américain avec leur jeu de passes précis. Ceux-ci furent suivis par une autre génération de vedettes : Pavel Bure, Sergei Federov, Ilya Kovalchuk et Alexander Ovechkin. Ironiquement, durant le lockout de la LNH en 2004 et 2005, de nombreux joueurs de la LNH s'expatrièrent en Russie pour jouer au hockey.

Ces gens veilleraient à ce que les meilleurs joueurs de hockey du monde jouent sur la plus belle glace possible.

Le logo dessiné sur la glace, au milieu de la patinoire de Salt Lake City, ne comportait aucune marque centrale. Evans devait marquer l'endroit exact du centre de la patinoire afin de s'assurer de la bonne distance des filets et des autres marques. Habituellement, il perçait un trou dans la glace et y insérait une vis, mais il n'en avait pas. Il trouva une pièce de dix cents, qu'il inséra dans la glace et utilisa comme point de repère.

Ce soir-là, lors d'une discussion avec son collègue Duncan Muire, Evans eut l'idée d'utiliser une meilleure marque. « Nous étions d'accord qu'il serait préférable d'enfouir une pièce en or comme le huard, raconta Evans, parce que nous voulions que les équipes remportent l'or, et non pas l'argent comme celui d'une pièce de dix cents. »

Evans plaça donc une pièce d'un dollar canadien – appelée « huard » à cause de l'oiseau canadien du même nom dessiné sur sa face – par-dessus la pièce de dix cents au centre de la patinoire, puis arrosa la glace. On pouvait quand même voir le huard en s'approchant. Lorsque ses supérieurs vérifièrent son travail, ils lui demandèrent d'enlever le huard, mais Evans fut incapable de le faire. Il peintura plutôt un rond jaune pour le cacher en espérant que cela suffirait à cacher la pièce jusqu'à ce que les équipes canadiennes en apprennent l'existence.

Evans divulgua lui-même le secret à l'équipe féminine canadienne. Les filles devaient affronter leurs principales adversaires, les Américaines, et furent ravies de la nouvelle. Elles étaient convaincues que le huard les aiderait à remporter l'or. Et elles avaient besoin de toute l'aide possible.

Les Canadiennes avaient perdu une humiliante série de huit matchs préolympiques contre les États-Unis. Et elles en avaient arraché contre la Finlande en demi-finale avant de revenir de l'arrière pour l'emporter 7 à 3.

Le match contre les États-Unis s'avéra aussi difficile que prévu. L'arbitre – une femme *et* une Américaine, de surcroît – décerna treize punitions au Canada, dont huit de suite, tandis que l'équipe

Le Tournoi de Québec : Chaque année, plus de 2 000 joueurs de hockey pee-wee issus de seize pays débarquent à Québec pour le Tournoi international. Durant ce tournoi de onze jours, plus de 200 000 partisans de hockey regardent les futures vedettes de la LNH démontrer leur talent du haut de leurs onze et douze ans. Le tournoi fut créé en 1960. Au fil des ans, il fut témoin des premiers exploits de plusieurs légendes du hockey, dont Guy Lafleur, Marcel Dionne, Wayne Gretzky, Mario Lemieux et Eric Lindros.

À gauche : Geraldine Heaney, Thérèse Brisson et Danielle Goyette d'Équipe Canada regardent le huard porte-bonheur enfoui sous la glace de la patinoire olympique de Salt Lake City après leur victoire historique de la médaille d'or. Depuis les gradins, Wayne Gretzky leur faisait désespérément signe de s'éloigner de l'arme secrète du Canada. L'équipe masculine n'avait pas encore joué son match de finale pour la médaille d'or – et il fallait que le huard reste enfoui. Il le resta.

Le nouvel espoir : Sidney Crosby avait beaucoup de pression sur ses épaules de dix-huit ans lors de son entrée dans la LNH. Repêché en 2005 par l'équipe en difficulté des Penguins de Pittsburgh, Crosby joue avec le joueur-propriétaire Mario Lemieux. La franchise espère que Crosby l'aidera à rétablir sa situation, un peu comme l'avait fait Lemieux vingt et un ans plus tôt – alors que Crosby n'était même pas né. On lui attribue des aptitudes comparables à celles de Gretzky et de Lemieux. Crosby, comme bien d'autres vedettes en puissance avant lui, doit relever le défi de jouer à la hauteur des attentes à son égard.

des États-Unis n'en reçut que six. Malgré cela, les Canadiennes – avec le huard sous leurs patins – résistèrent à une attaque de dernière minute pour remporter l'or. « Ce fut le moment le plus émouvant de ma vie », raconta l'attaquante vedette de l'équipe canadienne Hayley Wickenheiser. « Mes efforts, mes espoirs, tout se concrétisait d'un coup. J'étais la personne la plus heureuse sur terre. »

La présence du huard était un secret que seuls les membres des équipes canadiennes et quelques proches connaissaient. Evans et Gretzky durent chasser les filles de la glace tout de suite après leur victoire lorsque certaines d'entre elles voulurent aller voir le huard de plus près.

Un journaliste qui faisait un reportage télévisé sur la fabrication de la glace aux Jeux olympiques eut vent du huard enfoui dans la patinoire. Pour un journaliste, l'histoire était trop intéressante pour la dissimuler, et il la dévoila juste avant le match de finale du Canada contre – qui d'autre ? – les États-Unis.

Mais le huard était toujours en place. Les membres de l'équipe masculine canadienne le savaient, mais les millions de Canadiens qui regardèrent le match, en cet après-midi du 24 février, n'avaient aucune idée que la rondelle allait être déposée sur un porte-bonheur aussi puissant.

Ce fut une finale classique. Le Canada s'accrochait à une avance de 3 à 2 en troisième période, et l'issue du match était tout à fait imprévisible. L'équipe américaine faillit niveler la marque lorsque Brett Hull eut une excellente chance de compter en avantage numérique, mais le gardien Martin Brodeur résista. Puis, avec quatre minutes à jouer, Jarome Iginla du Canada décocha un lancer

Jaromir le Magnifique : Si vous mélangez les lettres de son prénom pour former un anagramme, vous obtenez Mario Jr. C'est le sobriquet dont les partisans affublèrent Jaromir Jagr dès qu'il enfila le chandail des Penguins de Pittsburgh après avoir quitté la République tchèque en octobre 1990. Jagr et Lemieux jouèrent ensemble durant cette première saison. Au terme de celle-ci, Jagr surclassa toutes les autres recrues au titre des points obtenus en séries éliminatoires et remporta sa première coupe Stanley. Grand et fort, Jagr domina rapidement la LNH avec son habile maniement de la rondelle. Il remporta le premier de ses quatre trophées Art Ross du meilleur pointeur de la ligue en 1995.

frappé que le gardien américain Mike Richter – glissant d'un bout
à l'autre de la cage – tenta d'arrêter derrière lui. La rondelle frappa
son gant et tourbillonna en direction du filet abandonné.

Joe Sakic, le centre d'Iginla, essaya de faire dévier le disque,
mais en vain. Le défenseur américain Tom Poti essaya de dégager le
devant du filet, mais rata son coup. Et lorsque la rondelle tomba
entre les deux poteaux, ce fut le but. Plus de dix millions de
Canadiens, qui regardaient l'événement télévisé ayant attiré le plus
important auditoire de l'histoire, se mirent à hurler. Le match
n'était pas terminé, mais le Canada était hors de danger. Et, pour
confondre tous les sceptiques, Joe Sakic enfila un autre but pour
assurer le Canada d'une victoire de 5 à 2 et de la médaille d'or.

Encore une fois, le Canada était au sommet du monde du
hockey – un monde qui avait adopté le sport national des
Canadiens. Bien des pays, bien des équipes et bien des joueurs
allaient lutter pour cette suprématie au hockey au cours des années
qui suivirent, mais en fin de compte, c'est le hockey qui allait en
sortir gagnant. Les joueurs, jeunes et vieux, des quatre coins du
monde ne demanderont plus qu'une seule chose en hiver : du
temps de glace. Il suffit de leur en donner, et ils inscriront leurs
propres victoires sur la glace des patinoires du monde entier.

Ci-dessus : C'est en 1998 que les joueurs de
hockey professionnels furent admis pour la
première fois aux Jeux olympiques. Visant
rien de moins que l'or, les meilleurs joueurs
canadiens de la LNH rentrèrent chez eux
bredouilles, en état de choc. Quatre ans
plus tard, ils triomphèrent en défaisant les
États-Unis pour remporter la première
médaille olympique du pays en 50 ans.

Remerciements

Temps de Glace est le fruit de la collaboration exceptionnelle de bien des gens. Voici les vedettes du match : Karen Bower, de la CBC, qui a su former de mains de maître une équipe hors pair; Jonathan Webb qui a effectué une révision en douceur; Natalie Tedesco, Paul Patskou et Angela Comelli, qui ont fait preuve d'une grande ténacité dans leurs recherches; Kathy Lowinger qui a publié le tout; mon épouse Nancy, qui m'a donné de précieux conseils; et mes coéquipiers de la CBC et de Livres Toundra, qui ont investi d'énormes efforts dans ce projet et rendu mon travail fort agréable.

Index

Crédits des photos